大连市教育科学规划立项课题
“‘双减’背景下‘新市民’家庭教育实践研究”
（课题批准号：ND2023105）研究成果

为每一个人点亮星火

『三业』教育的探索与实践

杨旭华 著

大连出版社
DALIAN PUBLISHING HOUSE

图书在版编目（CIP）数据
为每一个人点亮星火："三业"教育的探索与实践 / 杨旭华著. -- 大连：大连出版社, 2024. 9. -- ISBN 978-7-5505-2213-8
Ⅰ. G522.3
中国国家版本馆CIP数据核字第2024KV1357号

WEI MEI YI GE REN DIANLIANG XINGHUO—— "SANYE" JIAOYU DE TANSUO YU SHIJIAN
为每一个人点亮星火——"三业"教育的探索与实践

策划编辑：尚　杰
责任编辑：尚　杰　王海波
封面设计：林　洋
责任校对：郑雪楠
责任印制：徐丽红

出版发行者：大连出版社
地址：大连市西岗区东北路161号
邮编：116016
电话：0411-83620573 / 83620245
传真：0411-83610391
网址：http：// www.dlmpm.com
邮箱：dlcbs@dlmpm.com
印　刷　者：保定慧世源印刷有限公司

幅面尺寸：170 mm × 240 mm
印　　张：13.25
字　　数：158千字
出版时间：2024年9月第1版
印刷时间：2024年9月第1次印刷
书　　号：ISBN 978-7-5505-2213-8
定　　价：68.00元

代序

心里燃起一团火 点亮梦想那盏灯

——“三业”教育的探索与实践

让每一个学生在校园里抬起头来走路。

——［苏］B.A. 苏霍姆林斯基

近年来，随着城市化进程的加速，城市规模迅速扩大。其中，城市边缘地区的发展尤为迅猛——很多近郊农村地区逐渐发展为“城乡接合部”，进而发展为“街道社区”，融为新城市的一部分。这些地区往往房屋租金不高，吸引了大量外来务工人员租住于此，他们及其子女也成为该地区居民的一部分，被称为“新市民”。由此，一批用于接收外来务工人员子女的义务教育学校应运而生，这些学校被称为“新城区新市民学校”。

坐落于辽宁省大连市高新技术产业园区（以下简称“高新区”）凌水街道的大连市第十七中学，就是这样一所学校。在中国目前的社会背景下，这所学校具有一定的代表性。

大连市第十七中学于 1958 年建校，随着城市的发展，这所学校先后隶属于村镇、街道，直到 2021 年 3 月正式划归高新区教育文体局直管。

65 年来，大连市第十七中学经历了从乡镇学校到城区学校的转变，学生结构也由以当地居民的子女为主转变为以外来务工人员的子女为主。目前，在学校的 805 名学生中，就有 500 多名外来务工人员的子女，占比超过 62.1%。

历史的发展从来都是波浪式前进、螺旋式上升的。这所学校在近 30 年间经历了由低谷到高潮再到低谷的过程。近年来，在大连市教育局、高新区教育文体局的正确领导下，在凌水街道的大力支持和社会各界的助力下，大连市第十七中学抢抓机遇，迎难而上，学校各项工作均呈现出上升的势头。

大连市第十七中学一直在努力向上“生长”，同一区域的其他学校也在迅猛发展，高新区教育呈现出一片欣欣向荣的景象。新学校的落成和迅速发展，进一步提升了高新区的整体教育质量。

岁月不居，转眼间十年已逝。2023 年，在大连市高新区，大连市第十七中学仍然在奋力奔跑着。不同的时代，教育担负着不同的使命。作为新城区新市民学校的代表，其前进的道路究竟在何方？

正如丘吉尔所说：“你能看清多远的历史，就能看清多远的未来。”

回望大连市第十七中学的发展历史，特别是近四年来的教育探索实践，作为肩负学校发展责任的校长，作为一名从事基层工作近 30 年的基础教育研究探索者，本着求真务实、对学校负责、对学生家长负责的态度，以及为个体成长点亮星火微光的初衷，笔者从理论视角对学校的发展历程做了简要的总结及阐述。

一、以“心里燃起一团火，点亮梦想那盏灯”为目标

新城区新市民学校学生的普遍特点是底子薄、习惯差、学习动力不足，他们当中的绝大多数人在小学高段已经成为“学困生”。以2022级七年级新生为例，他们在小学五年级时曾参加过全区统考，在参加那次统考的2000名同年级学生中，属于大连市第十七中学学区的共240人，其中，没有一人进入全区前五十名，进入全区前一千名的有80人，处于后一千名的有160人，后一百名的有60人。很多学生在升入初中前就已经出现了语文、数学、外语成绩不及格的情况，一些学生成了“学困生”。

大连市第十七中学是一个孤例吗？肯定不是，同类学校可以根据这一数据进行自我诊断和评判，想一想自己学校和学生的情况，一起探讨一下本书所提出的问题。

很多新城区新市民学校的家长和中国的绝大多数家长一样：在孩子幼儿园时期，按照神童培养，舍得投入大量的人力、物力、财力；到了小学阶段，按照正常孩子培养，管吃管喝管陪伴，但是也有相当比例的孩子在小学高年级就已经被家长“放弃”了，家长开始失去信心，产生了“义务教育养身体，毕业即就业”的想法，甚至出现了“5+2<0”的现象，即学校5天的教育效果，在周末2天就被家庭环境削减为负数。

在新城区新市民学校，部分教师对自己的教学能力缺乏自信，具体表现在：研究基础题型多，研究拓展题型少；上课照本宣科多，

多元互动少；对于课堂纪律，要么放任不管，睁一只眼闭一只眼，要么你干你的，我干我的，双方互不干扰。当然，更多的教师仍然坚持职业操守，苦口婆心，“讲练考，批跟盯”。

心动才能行动，星星点灯，照亮前程！大连市第十七中学秉承“心里燃起一团火，点亮梦想那盏灯”的办学目标，从学生、家长、教师三个主体出发，以终为始，唤醒每一颗求知进取的心。

给学生们的心里点一盏灯。

可以学不好，但不可以不好好学。初中生活，由一场盛大的入学礼开始，向孩子们灌输“青春是用来奋斗的，我用青春耀青春”的信念。

每周一，学生们都会高举右拳，庄严宣誓：“我是中国人，我爱我的祖国；我是十七中人，我爱我的学校。我是祖国的未来，我是家庭的希望。我要恪守‘先学做人，后做学问，浮舟沧海，立马昆仑’的校训，爱国敬业、诚信友善、遵规守纪、勇于求知。努力做到人格自尊、行为自律、生活自立、学习自主、体魄自强。在家做个好孩子，在校做个好学生，在社会做个好公民。我信我行，我拼我赢！”

给家长们的心里点一盏灯。

教会家长怎样做家长，怎样做最好的家长。通过家长自愿担任校门口人行横道处的“护学岗”，积极参与学校的管理工作等途径，充分调动家长参与孩子成长过程的积极性。家长教育孩子不能只有热情，学校还为家长提供了“家长学堂”“家长讲堂”“家长诊堂”“家校合堂”四堂课，建设“同心圆”家长学校，增长家长的教育智慧，提升共育自信。

给教师们的心里点一盏灯。

增强教师的自信，为教师赋能。几年来，教师们的心中蓄满了正能量——我们不比名校名师差。大家慢慢领悟到：“教会学优生的教师是人，教会学困生的教师是‘神’。”为中华民族伟大复兴而教书，我们的职业就是我们的事业，学生的成功就是我们的成功。

二、以“三业”教育为方法

有了明确的目标，就有了前进的方向和动力。而要将这些目标具体落地，要有得力的方法。

新城区新市民学校的学生必须面对中考分流的现实，绝大多数学生要直面基于未来的职业方向选择学校和专业的问题。

但是十二三岁的七年级学生很少有自己的职业生涯规划，他们所谓的职业理想往往是盲目的；甚至很多九年级的学生，在面对未来的职业技术学校时，也是两眼黑，心茫然。由此可见，将职业理想教育前移到初中阶段，是一所新城区新市民学校必须主动承担的一项社会责任。

从新城区新市民学校的学生初中入学开始，到初中毕业为止，“三业”教育始终将职业、学业、事业紧密联系在一起，贯穿、延续于人才培养的全过程。

在初中阶段，学生可以根据个人的兴趣爱好和学习成绩的变化，动态调整“我的职业理想”和“我的学业规划”，对“我的事业情怀”则逐步进行加强和升华。最终，以职业理想确立学业规划，以学业规划成就职业理想，以事业情怀为动力，最终抵达职业高峰。

三、以“天天给力量，日日促成长”为过程

教育即生活。教育的影响如同空气、阳光、水之于种子。“天天给力量，日日促成长”，就会形成德育赋能的闭环。每天早晨，我们通过5分钟的德育微视频，如微电影、小动画、颁奖词、纪录片等去感染学生；中午，通过名著阅读去熏陶学生；晚上，则通过“暮省”去唤醒学生。每一节课的铃声都是音乐片段，每一句歌词都蕴含着教育的意味。

把握好每一次沟通。每天早晨，校长在门口迎候师生，风雨不误。除了问候“早上好”，还有三句问候语：“学校的伙食好不好”“昨晚的作业多不多”“爱不爱学习”。针对每个学生的状态，校长还会细心提示，如“把手从口袋里拿出来，天气不冷，要昂首挺胸大步走”。随后，校长会深入班级进行即兴讲话，不讲大道理，只讲小故事。开学典礼上的校长致辞没有夸夸其谈的哲理，只有生动的身边不凡事。让教育在每一天的校园生活中如春风化雨，点滴入微，便有了润物无声的力量。

四、以“立德树人”为结果

“立德树人”是教育的根本任务。

学校的校园文化以不同形式将“立德树人”这一根本任务具象化，落实到每一个细节和环节。

“践行社会主义核心价值观，做好孩子、好学生、好公民”，

是学生在家庭、学校、社会中的目标定位。“十七中精神”则是十七中人给自己的“精神画像”。

把楷模，如周恩来总理的铜像立在眼前；把“跟着郭明义学雷锋，跟着王官升做公益”的倡议贴在墙上，鼓励大家跟着好人学做好人。

将“为中华之崛起而读书”“为中华民族伟大复兴而读书”的醒目大字悬挂在楼体上，让学生感知为伟大事业而读书才能催生强大的内驱力。一至五楼的“德智体美劳”榜样案例墙，为大家树立了可参照的现实目标。

所有的教育细节和厚植的文化都是为了点亮学生的梦想之灯，让他们以不同的方式发光，学有所用、学有所成、学有所乐，以少年时光丰满羽翼，锁定方向，铺垫自己的光明未来。

希望通过大连市第十七中学的“三业”教育实践探索，每一位教师、每一位同学都能状态饱满，精神笃定！

——也许我们大部分人只是一个平凡人，但也要做“伟大的平凡人”！

——我们的身上要永远有一股向上的力量，我们的内心永远根植着不朽的理想！

五、以互为“他山之石”为盼

在撰写本书的过程中，笔者也广泛查询及收集与本书相关的素材，包括教育研究、理论研究论文及书籍，以期与同业者、同好者隔空共鸣。遗憾的是，本领域的理论成果并不多见，这一现状也激发了笔者要努力撰写好这本专著的动力，以期为后来者提供一点有益的助力。

在撰写本书的过程中，时有孤单之感。2023年秋，欣闻辽宁省丹东市凤城市石城镇初级中学曾经在相关领域进行过探索，因此，笔者迫切希望能与该校进行交流探讨。

就在本书行将完稿时，这一愿望得以实现。2023年11月17日，时任凤城市石城镇初级中学校长的田永利出差来到大连，经大连市丹东商会会长高广东的引荐，田永利校长来到大连市第十七中学与笔者进行了交流。怀揣着对基础教育，特别是对“三业”教育的无限热忱，田永利校长对本书的立意给予肯定，并对内容提出了宝贵的建议。

回到丹东后，田永利校长还一直挂念着此事，特意将其于2000年4月28日撰写的《农村初中职业技术教育初探——职教研究一学年的阶段性成果》原文及收录其理论实践内容的《辽宁教育科研的骄傲——记辽宁省“九五”教育科研先进集体和优秀教育科研工作者》一书邮寄过来。一同邮寄来的还有辽宁省“九五”教育科学优秀成果二等奖的获奖证书，可见田永利校长的教育实践与理论探索是很有价值的。

田永利校长目前在丹东市地方政府工作，他一直心系教育，在本书撰写过程中给予我很大的鼓励和支持，令人感动。尽管凤城市石城镇初级中学与大连市第十七中学的校情有所不同，但田永利校长敏锐的眼光和勇于探索的精神令人敬佩。田永利校长对本书的期盼之情，也从另一个侧面说明了在“三业”教育领域的探索和理论研究是非常必要的，是能够在当下的新城区新市民学校以及广大农村地区的学校中引发共鸣的。

笔者也期待本书能够成为同行眼中的“他山之石”。让我们互为“他山之石”，共同为“三业”教育的美好明天贡献力量！

大连理工大学知名文化学者杨春平曾为大连市第十七中学创作了一首词，今放在这里作为本序的结束语，与读者朋友共勉。

沁园春·大连市第十七中学

仁爱善导，博识乐教，“百行讲堂”。
更务实拓新，笃学敏行；弘毅至善，行业领航。
浮舟沧海，立马昆仑，求真明礼育栋梁。
好校长，一起向未来，旭日华章。
职业学业事业，形态目标追求方向。
天天给力量，日日促成长；德育特色，教育榜样。
事业价值，努力拼搏，做人学问先后项。
新时代，“三业”共育人，桃李芬芳。

杨旭华

2023 年 11 月 23 日

C 目录
ONTENTS

第一章

繁星引路，
解卷行动启幕

满天的星星，请为我点盏希望的灯火

——星星点灯

毕竟耳听是虚，眼见为实。我决定到学生家走访去。

经过挑选，最终选择了六户贫困家庭。

敲开了第一家门，迎接我的是一个不太高也不太壮的男人。我们握手并寒暄。进门，映入眼帘的是堆着杂物的桌上放着的显眼的电饭锅。环顾四周，一门敞开，两门紧锁，透过开着的门望进去，靠墙一书柜，靠窗一板床，父亲带着孩子就睡在这里。原来这是三家合租，另外两间住着其他两户。细聊方知，男人以送外卖为生，因家庭原因，孩子小学阶段曾有两年没有家长监管。临别时，我嘱咐男人，有困难找我们，男人紧紧地握住我的手，目光坚定地说："放心，我一定努力赚钱，好好养活孩子。"

一进小区，就看到一位老妇人远远地站在那里迎接我们，原来是孩子的姥姥。孩子的父母在孩子 5 岁时先后因病去世，抚育孩子的担子沉重地压在姥姥的身上。听口音，姥姥应该是外地人，虽然了解到老人由老家的儿女赡养，但我还是对她独自在异乡七年照顾孩子由小学一直到七年级有些不解——为何不卖了大连的房子回老家？这样亲友相帮，于老于小都能缓解不少压力。老人语重心长地告诉我们：“我姑娘临终的时候嘱咐我，孩子的户口在大连，要让她在这里接受好的教育，房子千万别卖，留给孩子。”我看了看孩子的房间，房间不大，床上被子叠放整齐，小书桌上物品摆放有序，我笑着轻声地说：“是个干干净净的闺房。”

车一直往山坡上开，停在了废品回收站的门口。爬上老旧的二层小楼，挑起门帘进入其中一家，眼前突然一黑，过了好一会儿才适应。房间里没有窗，只有一盏不太亮的灯，各种生活必需的和不必需的物品挤满了小小的房间。狭小的空间里摆放着两张床，是父母和孩子睡觉的地方。孩子爸爸在外面卖水果，妈妈是文盲，没工作。孩子的妈妈告诉我们，怀孕三个月的时候大夫说孩子发育不怎么好，可是是条命呢，没舍得打掉，所以孩子有点智力障碍。班主任回应说：“放心吧，孩子很听话，只是成绩不太好。”女人重点向我们介绍了家里的一台饮水机，她说：“这是大儿子从网上新买的，担心这里的水不好，让我们喝饮水机里的水。”又从杂物中抽出大儿子的画，几幅素描，挺有样，女人做这一切的时候，眼里闪着亮亮的光。

又去了租住在平房里的两户。一户是两个大人五个孩子挤在两间房子里，五个孩子前面四个都是女孩子。孩子妈妈说，生了四个女孩，爷爷奶奶连看都没看一眼。另一户是三口之家上下铺挤在一间房子里。走出这两家良久，心里仍有些压抑。两家人蜗居于此，生活，于他们，只是活着而已。整个房间，根本容不下一张安静的书桌。

最后一家住在一楼，一进门就看到一个小女孩坐在茶几前写作业。见到我们，秀气的小姑娘似乎因为害羞，没有主动打招呼。

后来我们才知道，原来孩子有听力障碍，刚刚植入电子耳蜗。“我们家这么多年为她的耳朵花了不少钱，不过孩子现在终于能听能讲了！”在妈妈兴奋的讲述里，我终于明白了孩子内向的原因。这家人儿子上七年级，女儿上小学二年级，爸爸在山东打工，妈妈在大学院子里做小时工——保洁。我仔细地打量了一下这个家，这个临时的落脚地，有书桌，有独立卧室，狭窄的厨房挤占了阳台的位置，一切却也收拾得很干净。临别时，我回过头，下午的阳光正照进屋内，小姑娘在明亮的小客厅里专注地写着作业。

走访完这六户家庭，心中感慨颇多。

对于这样的家庭，教育是他们改变命运仅有的机会。但是孩子们文化学习底子薄、家庭学习环境差、家校教育合力难、学习动力差……教育，近在咫尺，却又遥不可及，该如何做呢？

切实研究好、开展好围绕“职业理想、学业规划、事业情怀”的“三业”教育，就是一种尝试，一种摸索，一种伸伸手踮踮脚或许可以带来一些效果的教育变革。

若想实现“三业”教育，教师们需以平和的心态正视差距，以大众的视角珍爱学生，以不屈的信念坚守教育。教师们需要静得下心，耐得住寂寞，深刻理解教育的意义。须知，困境之中的人更脆弱也更敏感。因此，教师们应给予孩子们更多关心、更多鼓励，让教育的节奏慢下来、静下来，“天天给力量，日日促成长”，努力去燃起那团拼搏的火，去点亮那盏梦想的灯。大多数孩子更应该实实在在地掌握一项技能，踏踏实实地改变自己和家庭的命运。归根结底，还是“天助自助者”，穷人家的孩子要早当家，得要强。

第一节　理念之光，“三业”教育初展现

在广袤无垠的教育星海中，每一颗星星都代表着一种独特的理念，引领着我们在教育的征途上前行。而今，我们将要深入探讨的，便是其中一种璀璨的教育理念——“三业”教育。它不仅照亮了我们的前行之路，更为我们的成长与发展指明了方向。

一、“三业”教育理念提出的深厚背景

“三业”，即职业、学业、事业，是每个人成长历程中三座重要的里程碑。它们共同构成了我们人生的三部曲，奠定了个体成长与成才的基石。“三业”教育理念的提出，正是基于对这三者重要性的深刻理解与全面把握，它强调在个体成长的不同阶段，关注并培养人的职业素质、学业能力和事业情怀，从而为其未来的人生奠定坚实的基础。

孔子曰，“学而不思则罔，思而不学则殆”。这句话深刻地揭示了一个道理：学习与思考，二者必不可少，只有做到学、思并重，将学习与思考结合起来，相互促进，才能真正在学业上取得进步。同样地，对于教育而言，“三业”教育理念强调的不仅是个体在成长过程中对各种知识和技能的积累与提升，还包括个体对自我、对社会角色和使命担当的思考和认知，正确的职业观念、职业理想的

树立，内驱力与创新精神的激发等。

在这里，我们不禁联想到明代大儒湛若水所提出的“二业合一”观点。湛若水强调将德业与举业相融合，实现道德修养与学识才智的和谐发展。这一思想对当时的教育领域产生了深远的影响。而在现代教育中，“三业”教育理念同样体现了对学生全面发展的关注和追求。它要求我们不仅要关注学生学业成绩的提升，更要关注其职业素质的培养、学业能力的提高和事业情怀的激发。通过实施“三业”教育，我们可以帮助学生更好地认识自我、规划未来，实现个体的全面成长与成才。

（一）“三业”教育在现代社会的重要性

在当今社会，教育已经成为国家发展和社会进步的重要推动力。作为教育体系的重要组成部分，职业教育、学业教育和事业教育都是不可或缺的角色。习近平总书记对职业教育的重视和技能人才培养的关心，为我们开展“三业”教育提供了有力的政策支持和有利的社会环境。当前，我国已建成世界规模最大的职业教育体系，为经济社会发展源源不断地输送技术技能人才。然而，在普通教育体系中，在传统的教育观念中，往往过于强调学业教育的重要性，而忽视了职业教育和事业教育的地位和作用。这种偏颇的教育观念已经无法满足现代社会对人才的需求，无法适应现代社会的发展趋势。因此，开展“三业”教育，将进一步推动职业教育与普通教育的融合发展，提高人才培养的质量和效率。

首先，随着科技的迅猛发展和产业的不断升级，各行各业对人才职业素质的要求越来越高，这就需要我们在义务教育阶段就开始关注学生的职业理想教育，帮助他们了解自己的兴趣爱好和潜能特长，引导他们树立正确的职业观念和职业理想。通过开展职业理想教育，我们可以为学生提供更加广阔的职业发展空间和更多的职业发展机会，为社会培养更多高素质的技术技能人才。

其次，学业规划教育作为学生获取知识、提升能力的重要途径，同样具有重要意义。在学业规划教育的过程中，我们不仅要注重知识的传授和技能的培养，更要关注学生的学习兴趣和学习动力。只有当学生真正对所学内容产生浓厚的兴趣时，他们才能在学习过程中保持持久的热情和动力，取得更加优异的成绩，不断进步。

最后，事业情怀教育是引导学生树立正确的人生观和价值观的关键环节。它要求我们在教育过程中关注学生的长远发展和社会责任，帮助他们认识自己的社会角色和使命担当。通过开展事业情怀教育，我们可以激发学生的事业心和奉献精神，培养他们成为具有社会责任感和使命感的新时代青年。

在当前的教育实践中，职业理想教育、学业规划教育和事业情怀教育往往被割裂开来，各自为政。这种分离不仅导致教育资源的浪费和教育效率的低下，更不利于学生的全面发展和人才培养目标的实现。因此，进行将职业理想教育、学业规划教育和事业情怀教育相融合的“三业”教育显得尤为重要和迫切。它不仅可以有效整合各种教育资源，提高教育效率和质量，还可以为学生的全面发展和社会的可持续发展奠定坚实的基础。

（二）义务教育阶段开展“三业”教育的意义与价值

义务教育作为整个教育体系的基石，对于个体成长和国家发展都具有重要的意义。具体来说，在义务教育阶段开展“三业”教育的意义与价值主要体现在以下几个方面：

首先，有利于学生树立正确的职业观念和职业理想。通过开展职业理想教育，学生可以了解自己的兴趣爱好和潜能特长，认识各种职业的特点和要求，从而树立正确的职业观念和职业理想。这不仅有助于学生明确自己的学习目标和发展方向，还可以为他们的未来职业发展奠定坚实的基础。

其次，有利于学生全面提升学业能力和综合素质。在“三业”教育的实施过程中，我们不仅要关注学生的学业成绩，更要关注其学习方法的改善和学习能力的提升。通过采用多种教育方法和手段，我们可以激发学生的学习兴趣和学习动力，提高他们的自主学习能力和创新思维能力。同时，通过丰富多彩的课外活动和社会实践，我们还可以培养学生的团队合作精神、沟通能力和社会责任感等综合素质，提高学生的核心素养。

最后，有利于培养学生的事业情怀和奉献精神。通过事业情怀教育的开展，我们可以引导学生认识自己的社会角色和使命担当，培养他们的事业情怀和奉献精神。这不仅可以帮助学生树立正确的价值观和人生观，还可以激发他们的内驱力和创新精神，为社会的发展和进步做出更大的贡献。

综上所述，在义务教育阶段开展“三业”教育具有重要的意义和价值。它不仅可以帮助学生全面提升自己的职业素质、学业能力和事业情怀，还可以为社会的和谐稳定和国家的长远发展培养更多优秀的人才。因此，我们应该积极探索“三业”教育的实施途径和方法，将其真正融入义务教育的教学实践中，为每一位学生的全面发展和成长成才贡献我们的力量。

（三）我们所倡导的“三业”教育与职业教育学校广泛开展的“三业”教育之间的区别与联系

在这里，有必要对我们所倡导的“三业”教育与职业教育学校广泛开展的“三业”教育进行一番深入的剖析和比较。首先，要明确的是，我们所提倡的“三业”教育与职业教育学校广泛开展的“三业”教育有所不同。职业教育学校广泛开展的“三业”教育，多侧重专业教育、就业教育以及创业教育的融合。这是因为职业教育本身就是针对特定行业和职业进行的教育培训，其目的在于为学生提供从事某种职业所需的专业知识和技能。因此，职业教育学校的“三业”教育更加强调专业技能的训练、职业素养的提升以及创新创业能力的培养。

然而，我们所倡导的“三业”教育有所不同。我们所倡导的“三业”教育侧重的是职业理想教育、学业规划教育和事业情怀教育的融合。这三者并不是独立存在的，而是相互联系、相互促进的。职业理想教育是引导学生了解自己的兴趣爱好和潜能特长，树立正确的职业观念和职业理想的过程；学业规划教育是帮助学生明确学习目标和发展方向，提升他们的学习能力和综合素质的途径；而事业情怀教育则能培养学生的事业心和社会责任感，激发他们为社会和人类的福祉贡献力量的精神追求。

虽然我们所倡导的“三业”教育与职业教育学校广泛开展的“三业”教育在侧重点上有所不同，但两者之间也存在着密切的联系。

无论是哪种形式的“三业”教育，其最终目的都是促进学生的全面发展和成长成才，两者都可以为学生的职业发展提供有力的支持和帮助。职业教育学校广泛开展的“三业”教育可以为学生提供更加系统和深入的职业技能培训和职业素养提升；而我们所倡导的“三业”教育则可以从更广阔的视野出发，引导学生探索自己的潜能和特长，用当下的切实行动为他们的未来职业发展奠定坚实的基础。

（四）义务教育初中阶段实施我们所倡导的“三业”教育的必要性与可行性

那么，为什么要在义务教育初中阶段就开始实施我们所倡导的“三业”教育呢？主要有以下几个方面的原因：

首先，随着社会的进步和发展，职业的选择和变换已经成为现代人生活中的常态。因此，从小就引导孩子树立正确的职业观念，了解自己的兴趣爱好和潜能特长，对于他们的未来发展具有重要的意义。通过开展职业理想教育，我们可以帮助学生提前了解自己的优势和不足，明确自己的发展方向和目标，从而为他们的未来职业发展做好充分的准备。

其次，学业教育作为义务教育阶段的核心任务之一，对于提高学生的综合素质和能力具有重要的意义。然而，在传统的教育观念下，学业教育往往过于注重知识的传授和技能的训练，而忽视了对学生学习兴趣和动力的激发。通过实施学业规划教育，我们可以帮助学生明确自己的学习目标和发展方向，激发他们的学习兴趣和学习动力，从而提高他们的学习效果和学习质量。

最后，事业情怀教育则是引导学生树立正确的世界观、人生观和价值观的重要途径。在义务教育阶段，学生的世界观、人生观和价值观正处于形成和发展的关键时期。通过开展事业情怀教育，我们可以培养学生的社会责任感和历史使命感，激发他们为社会的发展和人类的福祉贡献力量的精神追求。这不仅有助于学生形成正确的世界观、人生观和价值观，还可以为他们的未来发展提供持久的动力和支持。

同时，在义务教育初中阶段实施我们所倡导的“三业”教育具有可行性。一方面，随着教育理念的不断更新和教育改革的不断深入，义务教育初中阶段已经越来越重视学生的全面发展和综合素质的培养，这为实施“三业”教育提供了有力的政策支持和保障。另一方面，随着信息技术的快速发展和教育资源的不断丰富，我们已经可以通过多种方式和手段来实施“三业”教育，如开展职业体验活动、组织社会实践、开设选修课程等，这些都可以为学生提供更加广阔的学习平台和发展空间。

综上所述，在义务教育初中阶段实施我们所倡导的“三业”教育不仅具有重要的意义和价值，更是完全可行的。我们应该积极探索和实施“三业”教育的有效途径和方法，将其真正融入义务教育的教学实践中，为每一位学生的全面发展和成长成才贡献我们的力量。

为什么要在义务教育初中阶段进行职业理想教育？

职业理想教育是职业生涯教育中重要的一环。曾任职于教育部高校学生司的陈瑞武深刻指出，职业生涯教育在素质教育的实施中扮演着举足轻重的角色，它直接关系到国家未来的人才储备和质量。

尽管高等学校在职业指导方面取得了显著进展，但陈瑞武强调，职业生涯教育的重心应当下移至基础教育阶段。这是因为职业生涯教育是一个持续不断的过程，每个教育阶段都有其独特的指导任务。为了实现这一目标，教育系统需要进行整体规划，从小学一年级开始就有针对性地提供指导，这些指导不仅涵盖升学方向的选择，还应该包括就业方向的选择。

此外，陈瑞武还呼吁加强职业生涯教育的理论研究，以构建清晰明确的话语体系。这包括明确相关概念，进行功能定位和学科定位，以及设计一整套行之有效的制度。他期望看到我国的职业生涯教育在理论上形成自己独特的学科体系，同时在实践中也能形成一套完整的指导体系，以更好地指导学生发展，帮助他们实现自我价值。

中国职工教育和职业培训协会副会长毕结礼则着重强调职业生涯教育与当前就业问题之间的紧密联系。他建议建立职业生涯教育的长效机制，以更好地应对和解决现阶段的就业问题。教育部高校学生司原司长王辉对此表示赞同，并希望各专家、一线教育工作者以及社会机构能够持续关注和研究这一领域，共同努力构建本土化的职业生涯教育学科体系。

在我们国家，很多孩子拥有自己的职业理想，年龄越小，理想越多。

大人们常常半开玩笑地问孩子："你长大想干什么呀？"

孩子们通常会很认真地回答：

"我想当警察。"

"我想当科学家。"

“我想当音乐家。”

很多很大的梦想，孩子们脱口而出，银铃般悦耳动听。

然而令人遗憾的是，随着年龄的增长，孩子们梦想的鲜花却渐渐枯萎、凋零。当老师问初中生“你的职业理想是什么”时，他们的答案要么是简单粗暴的“我不知道”，要么是眉头紧锁、长久的沉默。

我们国家的孩子缺少伴随其成长的职业生涯规划。特别是对于中考分流的新市民子女来说，基于职业生涯规划的职业理想教育显得尤为迫切。

社会发展到今天，由于传统的机器大生产逐渐向现代科技产业和服务业转型，催生了数量庞大的技术密集型和知识密集型的工作岗位。1991 年最后修订的美国《职业名称词典》（DOT）已列有上万种职业，职业越来越细分，越来越专业。1998 年投入使用的职业信息网络（O*NET）系统更是取代了《职业名称词典》，成为美国当前广泛使用的职业信息数据库。

当今社会信息繁杂，有如此众多的职业分类，工作岗位的职业内容如此复杂，年轻人仅凭自己的经验和阅历，很难了解各种职业的分类及内容。

没有规划的人生，算不上成功的人生，而职业选择与个人兴趣相背离的人生，也往往不会快乐。

当下很多被中考分流到职高、技校的学生，从某种意义上来说，不是主动选择，而是被动“淘汰”。他们无力升入普通高中，对职业学校缺少了解，对所学的专业缺少了解，对未来的职业选择和个人发展缺少了解，导致他们到了职高、技校依然厌学，要么躺平，要么挥霍时光，以此来放纵自己的青春。待到毕业时，有的人选择的工作与三年的职高、技校学习毫无关联；有的人对被动选择的职业非常厌恶，导致痛苦一生、一无所成。

很多读了高中的学生，由于对未来职业没有明确的定位，导致学习目标缺失，好一点的，只知道学习，但可悲的是并不知道为什么学习；心态差一点的，学习热情不高，稍遇到一点儿学习阻力，常常会产生消极心理，甚至出现心理问题。

所以，我们通常教育学生：如果你不主动规划职业，你的职业就会被别人规划；到你就业的时候，不是你选择职业，而是你被职业选择，甚至有可能没有职业愿意选择你，因为你主动放弃了人生的自主权，放弃了自己的命运，成了你的命运“它”做主，你命由“它”任由天。而且，职业发展对个人成长、家庭和谐、恋爱交友等方面有重大的影响，在人际社会的互动中也占了极大的份额，高品质的人生与在职业上获得的满足感和成就感正向相关。如果你想要走向更高的职业平台，实现更好的职业价值，那就必然要做好自己的职业规划。如何对自己的整个职业生涯做好整体规划，是必须放在人生规划的高度去考虑的。

1908 年，美国“职业指导之父”弗兰克 · 帕森斯成立了世界上第一个职业咨询机构——波士顿地方就业局，第一次提出了“职业咨询”的概念；20 世纪中叶，唐纳德 · 舒伯等人提出“生涯”的概念；1973 年，美国心理学家戴维 · 麦克利兰提出“冰山模型”（即将人员个体素质的不同表现划分为表面的“冰山以上部分”和深藏的“冰山以下部分”，冰山 20% 的突显部分是个体自身较明显的特点，如知识和技能；冰山 80% 的隐藏部分是个体自身不容易察觉的特点，如个体的个人品质、价值观、动机等）。职业生涯规划理论逐步发展，能够帮助个体提早认知自我。

个体如果不能全面了解自身的优、缺点，就会造成日后择业时无法全面考虑自身特点和岗位的匹配度，若匹配度较低，则会造成人岗不匹配，形成较大落差，对心理也会产生较大打击。若能及早地做好职业规划，就能更早地了解自身不容易察觉的特点，及时做好提升计划，扬长补短，完善自我。所以，通过对职业生涯规划，个体可以提前确定职业发展不同阶段的目标，结合自身的兴趣爱好、性格特点、内在潜能找到与不同阶段目标的结合点，制订不同的提升计划、行动方案。

做职业生涯规划，可以提早认知岗位。随着目前人工智能、大数据技术等前沿科技的发展，越来越多的行业岗位，尤其是重复、简单、易操作的岗位很容易被取代，倘若自身职场竞争力不强，在职场中想应聘到合适、满意的岗位尤为困难。如果能及时做好职业生涯规划，便能在学生时代给予自身充足的时间来做好就业工作的准备，不管是找自身感兴趣的行业，还是找有前途的行业，都拥有充足的时间来了解，了解之后便可根据自身情况特点进行调整和匹配。如果没有提前做好职业生涯规划，在找工作时对适合自己的岗位和行业就没有充分了解，最终可能错失心仪的岗位。

做职业生涯规划，可以提早认知行业。在做职业生涯规划前，个体对于自身专业对应行业的了解一般是不够全面的，没有做充分的调研考察。做了职业生涯规划后，个体对自身专业对应的行业会做详细的了解、调查和评价，获得客观认知，从而更好地判断自身是否愿意从事相关行业，提前做出判断和决策。

依据舒伯的职业生涯发展理论，初中阶段正是学生对职业生涯的探索期，在此阶段，初中生的自我意识高涨，开始对个体的兴趣与能力进行探索，在这个关键期进行职业理想与事业情怀的教育对于学生今后的发展至关重要。

职业生涯教育是有目的、有计划、有组织的教育活动。职业生涯教育的最终目的是促进个体职业生涯的发展，需要制订详细的活动方案或计划，并紧紧围绕最终目的去规划、组织和实施；同时，开展职业生涯教育的组织应有固定的机构、相应的设施设备、专业的人员、专门的活动或教育场地等。

职业生涯教育是有系统性和持续性、动态发展的教育活动。从受教育者的角度来看，接受职业生涯教育应伴随其职业生涯的始终；从教育者的角度来看，职业生涯教育应着眼于受教育者的终身发展，教育活动的规划与实施应持续贯穿受教育者职业生涯的全过程。而且随着社会、经济、就业环境的变化以及受教育者自身知识、能力、期望水平等的提升，职业生涯教育需要不断调整教育目标、途径、方法等。

职业生涯教育是综合性的教育活动。职业生涯教育是引导学生规划自身的职业生涯并将其规划转化为现实的综合性教育活动。具体包括：职业生涯定向教育；自我职业潜能分析、能力培养；规划自身职业生涯的意识与技能培养；职业生涯规划的心理辅导；职业生涯规划相关核心素质的培养。

原教育部职业技术教育中心研究所余祖光副所长曾指出，在职业教育领域，职业指导一直很受重视，国家在“七五”“八五”“九五”“十五”期间都有重点课题研究有关的问题。1996 年颁布（2022 年修订）的《中华人民共和国职业教育法》中也有明确要求。

中国高等教育学会秘书处前副秘书长叶之红认为，基础教育阶段职业生涯教育的实施与高等教育、职业教育相比，起步不算晚，但发展比较慢，任务艰巨。由于义务教育阶段学校的教育中鲜有对职业生涯发展意识的培养，许多青少年离开学校步入社会后，往往会经历很长的不适应期。为此，原教育部教育发展研究中心“职业生涯教育项目组”在基础教育阶段实施职业生涯教育理论研究的基础上，自 2004 年起在 7 个县级市正式启动了“农村中小学实施职业生涯教育的实验”项目。实验目标是通过主题性综合实践活动，让学生了解产业变迁趋势，体会职业工作意义，认识职业素质要求，开发有关职业发展的个人兴趣及潜能，形成正确的职业价值观和就业创业的思想，增强升学与就业选择的主动意识和科学态度，为未来的专业知识、技能学习和职业生涯发展做好准备。初步实验取得了令人满意的效果。

国外职业生涯教育具有悠久的历史，并已形成较为完善的制度和模式，为我国职业生涯教育的实施提供了有益的经验与启示。北京师范大学的侯志瑾博士介绍了美国中小学的生涯教育和生涯发展咨询服务方面的经验。在美国，系统的生涯发展项目要由专业工作者、父母和社区代表共同组成团队，所使用的材料和学习经验要与学生的发展阶段相适合，实施该项目的人是能够广泛使用各种资源和策略，达到项目目标的高水平技能的人。

我国职业生涯教育的实施不可能一蹴而就，需要根据职业生涯教育的特点，科学整体地规划与实施，进而逐步探索出适合中国国情的职业生涯教育模式。著名高等教育学家蔡克勇先生认为，职业生涯教育需要专业化，包括课程和教师的专业化；职业生涯教育研究需要在广度和深度上再下功夫。余祖光副所长建议，职业生涯教育要一步一步地进行，从基础教育开始，整体规划实施。教育要与劳动结合，学校要与社会、企业协调配合，整合多种资源，不断提高教师的专业化水平。

由此可见，在职业生涯教育方面，我国有关部门关注较早，并取得了一定成果。职业理想教育是职业生涯教育中重要的一环，我们所倡导的在义务教育初中阶段开展职业理想教育，是对职业生涯教育的具体落实与进一步的丰富拓展。

为什么要在义务教育初中阶段进行学业教育？

首先，进行学业教育是国家规定。

在我国，《中华人民共和国义务教育法》（以下简称《义务教育法》）规定，“凡年满六周岁的儿童，其父母或者其他法定监护人应当送其入学接受并完成义务教育；条件不具备的地区的儿童，可以推迟到七周岁。”《义务教育法》规定的义务教育年限为九年，这一规定符合我国的国情，是适当的。

义务教育，是根据法律规定，适龄儿童和青少年都必须接受，国家、社会、家庭必须予以保证的国民教育。其实质是国家依照法律的规定对适龄儿童和青少年实施的一定年限的强迫教育的制度。义务教育又称强迫教育和免费教育。义务教育具有国家强制性、免费性、普及性等特点。

义务教育具有国家强制性。义务教育的国家强制性，是义务教育最本质的特征。它指依照法律的规定，义务教育由国家强制力保证推行和实施。义务教育不仅是受教育者的权利，还是国家应尽的义务。国家要依法保障适龄儿童接受义务教育的权利，这是国家意志的体现。为了保证义务教育的实施，必须伴之以系统、完善的立法、执法和监督体系，依靠国家法律的强制力予以保证。在我国，只有义务教育和扫盲教育能够强迫一定的教育对象接受一定程度的教育，并为法律所规定和允许，其他任何教育制度都没有这种权力。义务教育的国家强制性还表现在任何违反义务教育法律规定，阻碍或破坏义务教育实施的行为，都应依法承担法律责任，受到强制性处罚或制裁。

义务教育具有免费性。义务教育的免费性是指国家对接受义务教育的学生免除全部或者大部分的就学费用。这是世界各国实施义务教育的一个共同特点。当然，义务教育从免除部分费用到免除全部费用，要从各个国家和地区的实际情况出发，有一个逐步发展的过程。《义务教育法》第二条规定：实施义务教育，不收学费、杂费。免收学费，实际上已经免除了接受义务教育学生的大部分费用，体现了义务教育免费性的特征。除了免收学费，《义务教育法》第四十四条还规定：各级人民政府对家庭经济困难的适龄儿童、少年免费提供教科书并补助寄宿生生活费。

义务教育具有普及性。全体适龄儿童、青少年，依法律、法规规定办理缓学或免学手续的除外，都必须入学完成规定年限的义务教育。

国家实施义务教育的原因很简单。其一，义务教育使家庭减轻了教育支出的经济压力，提高了国民的知识文化水平，使更多人接受知识教育，提高了国民整体素质，让社会更加稳定。其二，义务教育可以改变孩子的一生，让他能够懂得基础的知识文化，可能考上大学，得到更好的工作，接触到更多的人，有更多的机遇，这是义务教育给孩子创造了更多机会。其三，国民知识文化水平的提高同样会使国家更加强大。很多科技、商业等方面杰出人才的涌现，为国家、为人民创造更多价值，每个领域都有尖端人才，国家的综合实力就会增强。

其次，进行学业教育是人才选拔的需要。

学业教育，这里特指学历教育，即小学教育、初中教育、高中教育、专科教育、本科教育、研究生教育等。

小学、初中的义务教育为学生升高中、考大学打下了重要的基础。当下，我国的高中录取率还不是很高，只有在义务教育阶段拼一拼、搏一搏，才能读高中，读一所好高中，进而才能够考大学，考上一所好大学。

目前，我国的高中教育是非义务性教育，青少年必须在完成九年义务教育的基础上，通过参加本地教育部门组织的中考，经过选拔性筛选才能获取高中入学资格。

从全国来看，2023 年普通高中平均录取率在 60.6% 左右，各地具体录取率不尽相同。初中考普通高中，比高中考大学还要困难，因为大学录取率在 80% 左右。以部分地区普通高中录取率为例，如下所示：

地区	普通高中录取率
辽宁省	73.96%
陕西省	62.67%
江苏省	74.90%
福建省	64.55%
河南省	57.20%

即使在同一个省，不同地区普通高中录取率差别也很大。如 2023 年，广东省多个地市普通高中录取率超 60%；珠三角 9 市普通高中录取率均超过 50%，如下所示：

城市	普通高中录取人数或招生人数	普通高中录取率
广州市	68671	63%
深圳市	88909	超过 70%
珠海市	16324	62.82%
佛山市	50428	约为 64%
惠州市	46649	超过 60%
江门市	31608	超过 60%
东莞市	44995	超过 60%
中山市	22553	超过 50%
肇庆市	暂无	暂无

一个客观的现状：中国目前的人才选拔机制就是中、高考。作为一个人口大国，一个人想要获得更多的选择权，想要在未来获得

一份体面的工作，想要求得一份内心深处的安定与从容，在初中阶段，就要向前“冲锋”，就要争过“独木桥”，这是在目前的选拔机制下无数家长与学生的不二之选。这份人生的答卷在落笔之初就要小心翼翼、全力以赴，因为谁也不能保证它未来的圆满。所以，在初中阶段对学生进行学业教育，是应该的，也是必要的。

2015 年，在英国 BBC 播放的《我们的孩子足够坚强吗？中式学校》纪录片中，一场中英教育实验最终以中国教师带领的实验班取得最佳的学业测试成绩而告终；2018 年，在国际青少年学生评估项目中，我国上海的中学生成绩蝉联 PISA 测试全球第一……这些鲜活的例子体现了中国青少年良好的阅读、数学和科学素养，青少年的学业成绩不仅是我国国内关注的焦点，也逐渐吸引了国际上的关注。

同时，进行学业教育是现实需要。

在我们国家，学业和职业的密切度非常高。职业的选择、职级的晋升和学历密切相关，本科学历和专科学历的差别很大。

找工作，看学历。公务员工作稳定，现在许多人都想做公务员，许多单位（尤其是国家机关和事业单位）招录公务员，多数要求本科或硕士及以上学历，专科生少有应聘或考试资格，只有部分艰苦的公务员岗位才允许专科生报考，而且工作地点基本在基层。专科生由于学历限制，会丧失许多理想的工作机会。比起专科学历，本科学历找工作的优势显而易见。从现在的就业趋势来看，平均 10 个招聘单位中，如果你是本科生也许 10 个单位可能都会接受你，如果你是专科生也许只有 3 个单位可以接受你，作为专科生，就比别人少了 7 个发展机会。由此可以看出，学历对找到一个好工作的影响是非常大的。

考资格，看学历。许多国家职业资格证都要求本科及以上学历才能报考，如现在公证员、律师、法官和检察官的司法考试报名条件就规定必须是本科及以上学历，国家承认均可，不分专业。而如果只是专科毕业，不管是哪个专业，也不管毕业于哪个学校，都做不了公证员、律师、法官和检察官。

涨工资，看学历。目前，我国国家机关和事业单位基本是按照学历定工资，本科工资比专科工资高一档次；较规范的企业也是按学历定工资，如在苏州、上海、深圳等地的外资企业或国内知名企业上班，本科的上岗工资比专科的上岗工资高500元以上是正常的，而且本科及以上学历的奖金和提升机会都要比专科相对多一些。

评职称，看学历。如今各类职称的评定几乎都与学历挂钩，在评定高级职称时，专科及以下学历的人基本上没有机会，而现在许多单位的主管、领导几乎都是由高级职称的人担任的——没有本科学历，将会丧失评高级职称的机会，而没有高级职称将会丧失许多当主管、领导的机会。

升学位，看学历。有了本科毕业证和学位证，就能直接报考全国统招研究生了，而专科生只能在专科毕业满两年后，以同等学力报考研究生，尽管如此，实际上许多大学是不愿招收专科生的。另外，在职获取硕士学位也要有学士学位，如果是专科学历，今后若想在职获取硕士学位，是没有机会的。

不管是哪种学历，也不管是哪种专业，没有更高一些的学历，人生就会失去许多机会。虽然学历不能代替能力，但它已然成了就业和升职的“敲门砖”。工作中没有学历，一些职位就不能晋升，就永远比别人晚一步。当然，近几年我国科技评价体系改革全面发力，“破五唯”（“五唯”指唯论文、唯帽子、唯职称、唯学历、唯奖项）等政策陆续出台，然而，在“破五唯”之后如何“立新标”，又成为新的挑战。

为什么要在义务教育初中阶段进行学业规划教育？

在国外，对于青少年而言，他们不但关注自己的学业成绩，而且越来越关心自身的学业规划问题，而这一趋势在中国也逐渐发展了起来。未来的学业规划与青少年的发展有密切的联系，它关系到青少年自我同一性的建立，是青少年时期的一项重要发展任务。青少年的未来学业规划可以为他们将来的工作生活做准备，指导他们未来的教育发展轨迹，为青少年的进一步发展提供更加自由、广阔的空间，对青少年的学业进步和未来教育发展具有深刻的意义。

青少年如何思考、规划教育将直接深刻影响其未来教育的发展状况。对于初中阶段的青少年而言，他们关注、规划最多的领域主要是未来成就领域（职业领域、教育领域），他们在本阶段最重要的一项任务就是对未来教育的思考与规划。通常，青少年对未来教育目标的探索、投入越多，表明其未来教育规划越积极，未来教育规划越详细、越具体，则越有可能实现其未来教育发展目标。

而对于后发展学校大连市第十七中学而言，相对于市区教育，这里算是一块较为贫瘠的“土壤”，绝大多数孩子在学业上无目标、无计划，两眼茫茫。完成眼前的学业尚需费尽周折，何况是未来的学业规划呢？让尽可能多的孩子有更多的选择，不在被动中卷入自己尚未了解的“洪流”，让更多的孩子了解自己是谁、要去往何处，这就是在义务教育初中阶段进行学业规划教育的最现实的需求。

从微观角度来看，学生对于自己的学习缺乏内驱力，不知道自己每一张考卷、每一道练习题意味着什么，不清楚自己每一步的发展动向对未来而言影响着什么。而一份清晰的学业规划蓝图，落实到每一阶段的学习目标，让学生知道自己的每一处变化、每一点进步都是有意义的，都是朝着既定目标前进的，这是一种由心生发的力量。日积月累，长此以往，即便学生的目标没有实现，但一步一步，脚踏实地，教育的意义也就实现了。

最后，为什么要在义务教育初中阶段进行事业情怀教育？

社会主义核心价值观中提到“爱国、敬业、诚信、友善”，敬业就是具有事业心、事业情怀的表现。

事业情怀可以使人全身心投入，让人感到生活是充实的、幸福的，人生是有价值的。事业无高低贵贱之分，不论是政治家的经天纬地，还是田舍翁的春种秋收，只要能造福人类、奉献社会、美化生活、有益身心，都可称为事业。所谓成功者，无非就是在事业上投入多、收获大的人。人做任何事情都需要有动力，动力越大，事情就越容易成功，而事业情怀就是成功的最好“伴侣”。事业情怀能充分调动人的潜能，最大限度地调动人的智慧、勇气、胆识。人最可怕的不是没有钱财、没有地位，而是没有事业、没有事业情怀。

当今许多引发热议的舆情事件是由于部分人缺乏职业道德、缺少事业情怀导致的，所以在进行学业规划教育与职业理想教育的同时，将事业情怀教育渗透、融入教育教学活动当中是十分必要的。

随着国家的发展与社会的进步，人们对事业情怀教育的需求也越来越大，每个人都想成就一番事业，而事业的成就离不开事业情怀的培养。在马克思主义初心价值观的三重内蕴中，恪守知行合一的“事业心”就是三重“初心”之一。当今时代，在全国人民为实现中华民族伟大复兴宏伟目标而奋斗的伟大事业中，青年担负着继往开来的重任，青年是祖国的希望、人类的未来，这更需要青年人树立强烈的事业心，担负起历史的使命。

事业情怀教育是培养适应时代发展、具有一技之长和远大的志向、能成就一番事业的应用型人才的终身教育，是实现自我人生价值的教育。职业是成就事业的根本和前提，事业是职业追求和发展的总目标，事业情怀教育应当引导和贯穿学业规划和职业理想教育。

依据唐纳德·舒伯的职业生涯发展理论，初中阶段正是学生对职业生涯的探索期，在这个关键期进行事业情怀教育对于学生今后的发展至关重要。

进行事业情怀教育，让学生在选定事业目标后脚踏实地，坚定不移。通过职业理想教育，学生可以结合自己的实际情况，认清自己的特长，确定具体的目标。而能否对这些目标保持坚定，则取决于事业情怀的教育与培养。俗话说“常立志不如立长志”，有的青年人总是在事业目标上摇摆不定，今天想摄影，明天想绘画，后天又想写剧本。多年过去之后却发现哪个目标也没有达成，从而产生了悲观消极的情绪，最后一事无成。他们就吃亏在没有强烈的事业心，不能持之以恒。因此，在中学阶段进行事业情怀教育是非常必要的。

进行事业情怀教育，让学生在面对逆境时坚韧顽强，勤奋努力。

在成就事业的路上，一定不会是一帆风顺的。面对各种苦难与逆境的磨炼时，学生们要保持“千磨万击还坚劲，任尔东西南北风”的精神。经过成就事业、实现理想的艰难漫长过程，或许“众里寻他千百度，蓦然回首，那人却在灯火阑珊处”。初中时期是人生的黄金时代，学生们精力旺盛，爱好广泛，思维敏捷，求新意识强，富有创造力，也是学生们探索人生道路，形成世界观、人生观和价值观的重要阶段。培养学生的事业心，让他们在未来能够以顽强的意志和坚定的毅力去工作，成为人生道路上的强者。

二、“三业”教育提出的依据

随着社会的不断发展和进步，教育作为培养人才的手段，其重要性日益凸显。近年来，我国对于职业教育的重视和投入不断加强，与此同时，普通教育和继续教育也在不断发展。在这样的背景下，职业教育、普通教育和继续教育的融合与贯通，成为教育领域的重要议题。

“三业”教育的提出，是基于实践的需要。

2022 年 12 月 21 日，中共中央办公厅、国务院办公厅印发了《关于深化现代职业教育体系建设改革的意见》（以下简称《意见》），《意见》指出：

以习近平新时代中国特色社会主义思想为指导，深入贯彻党的二十大精神，坚持和加强党对职业教育工作的全面领导，把推动现代职业教育高质量发展摆在更加突出的位置，坚持服务学生全面发展和经济社会发展，以提升职业学校关键能力为基础，以深化产教融合为重点，以推动职普融通为关键，以科教融汇为新方向，充分调动各方面积极性，统筹职业教育、高等教育、继续教育协同创新，有序有效推进现代职业教育体系建设改革，切实提高职业教育的质量、适应性和吸引力，培养更多高素质技术技能人才、能工巧匠、大国工匠，为加快建设教育强国、科技强国、人才强国奠定坚实基础。

深化职业教育供给侧结构性改革，坚持以人为本、能力为重、质量为要、守正创新，建立健全多形式衔接、多通道成长、可持续发展的梯度职业教育和培训体系，推动职普协调发展、相互融通，让不同禀赋和需要的学生能够多次选择、多样化成才；坚持以教促产、以产助教、产教融合、产学合作，延伸教育链、服务产业链、支撑供应链、打造人才链、提升价值链，推动形成同市场需求相适应、同产业结构相匹配的现代职业教育结构和区域布局。构建央地互动、区域联动，政府、行业、企业、学校协同的发展机制，鼓励支持省（自治区、直辖市）和重点行业结合自身特点和优势，在现代职业教育体系建设改革上先行先试、率先突破、示范引领，形成制度供给充分、条件保障有力、产教深度融合的良好生态。

2020 年 10 月 29 日，中国共产党第十九届中央委员会第五次全体会议通过《中共中央关于制定国民经济和社会发展第十四个五年规划和二〇三五年远景目标的建议》，其中指出：

强化就业优先政策。千方百计稳定和扩大就业，坚持经济发展就业导向，扩大就业容量，提升就业质量，促进充分就业，保障劳动者待遇和权益。健全就业公共服务体系、劳动关系协调机制、终身职业技能培训制度。更加注重缓解结构性就业矛盾，加快提升劳动者技能素质，完善重点群体就业支持体系，统筹城乡就业政策体系。扩大公益性岗位安置，帮扶残疾人、零就业家庭成员就业。完善促进创业带动就业、多渠道灵活就业的保障制度，支持和规范发展新就业形态，健全就业需求调查和失业监测预警机制。

建设高质量教育体系。全面贯彻党的教育方针，坚持立德树人，加强师德、师风建设，培养德智体美劳全面发展的社会主义建设者和接班人。健全学校、家庭、社会协同育人机制，提升教师教书育人的能力素质，增强学生的文明素养、社会责任意识、实践本领，重视青少年的身体素质和心理健康教育。坚持教育公益性原则，深化教育改革，促进教育公平，推动义务教育均衡发展和城乡一体化，完善普惠性学前教育和特殊教育、专门教育保障机制，鼓励高中阶段学校多样化发展。加大人力资本投入，增强职业技术教育适应性，深化职普融通、产教融合、校企合作，探索中国特色学徒制，大力培养技术技能人才。提高高等教育质量，分类建设一流大学和一流学科，加快培养理、工、农、医类专业紧缺人才。提高民族地区教育质量和水平，加大国家通用语言文字推广力度。支持和规范民办教育发展，规范校外培训机构。发挥在线教育优势，完善终身学习体系，建设学习型社会。

《国家中长期教育改革和发展规划纲要（2010–2020 年）》指出：

促进学生全面发展，着力提高学生服务国家服务人民的社会责任感、勇于探索的创新精神和善于解决问题的实践能力。

减轻中小学生课业负担。……学校要把减负落实到教育教学各个环节，给学生留下了解社会、深入思考、动手实践、健身娱乐的时间。……培养学生学习兴趣和爱好。

充分发挥家庭教育在儿童少年成长过程中的重要作用。家长要树立正确的教育观念，掌握科学的教育方法，尊重子女的健康情趣，培养子女的良好习惯，加强与学校的沟通配合，共同减轻学生的课业负担。

“三业”教育的提出，不仅基于现实的需要，更有着深厚的理论依据。

从教育学角度来看，终身教育理念和教育公平原则为“三业”教育提供了坚实的支撑。终身教育强调人的一生都应该是一个不断学习和发展的过程，而“三业”教育正是终身教育理念的具体实践。它打破了传统教育的时间和空间限制，使得个体在不同阶段都能获得所需的教育资源和发展机会。同时，教育公平原则要求每个个体都能获得平等的教育机会和资源，而“三业”教育通过整合各类教育资源，提供多样化的教育路径和选择，有助于实现教育公平。

心理学也为“三业”教育提供了重要的理论依据。多元智能理论认为每个人都拥有多种智能，如语言、数学逻辑、空间、音乐、身体运动等。“三业”教育注重培养学生的多元智能，提供多样化的学习方式和评价标准，有助于激发学生的潜能和兴趣。同时，自我决定理论强调个体在追求自我价值和目标过程中的自主性和内在动机，而“三业”教育通过引导学生完成职业理想设定，帮助他们认识自我，探索兴趣和发展方向，从而激发其内在的学习动力和发展欲望。

从社会学角度来看，社会分层与流动理论以及社会角色与认同理论为“三业”教育提供了重要的社会背景。社会分层与流动理论认为教育是社会分层和流动的重要途径，而“三业”教育通过提供多样化的教育选择和职业发展路径，有助于促进社会流动。同时，社会角色与认同理论认为个体在社会中扮演着不同的角色，并通过这些角色来构建自我认同。“三业”教育通过引导学生认识不同职业角色和社会责任，帮助他们构建积极的自我认同和社会责任感。

此外，经济学也为“三业”教育提供了重要的支撑。人力资本理论认为教育是一种投资，通过提高个体的知识和技能来增加其未来的经济收益。而“三业”教育作为一种高效的教育投资方式，能够提高教育资源的利用效率，促进教育与经济的良性循环和互动发展。

综上所述，“三业”教育的提出有着深厚的理论依据和重要的现实意义。它符合终身教育理念、教育公平原则、多元智能理论和自我决定理论等教育学和心理学的基本原理；同时，它也符合社会分层与流动理论、社会角色与认同理论等社会学的基本原理；最后，它还符合人力资本理论和教育经济学等经济学的基本原理。因此，实施“三业”教育不仅是现实的需要，更是理论发展的必然要求。

从国家的政策法规中不难看出，初中教育阶段是衔接义务教育、高中教育与高等教育之间以及普通教育、职业教育与继续教育之间“立交桥”的“最后一公里”，处于全程育人的关键节点。因此，在此阶段应重视引导学生确立面向未来的职业理想，重视教育引导初中阶段学生正视在完成义务教育阶段的学习后必须接受普通高中、中等职业学校的高中阶段教育或面对直接就业的选择，指导学生建立终身接受普通教育、职业教育与继续教育的思想准备。在此过程中，要将学业与职业联系起来，用学业规划追逐职业理想，培养学生学习兴趣和爱好。还要把职业和事业联系起来，让学生具备服务国家、服务人民的社会责任感，身上永远有一股向上的力量。

三、“三业”教育的内涵基础

在古老的汉字中，“业”最初指古代乐器架上的横板，这些横板上刻有锯齿状的凹槽，用以悬挂钟、磬等乐器。随着时间的推移，“业”字的含义逐渐扩展，不再局限于音乐领域，而是被广泛应用于描述各种行业和职业。在现代汉语中，“业”已经成为一个非常活跃的词汇，它不仅可以指代各行各业的工作，还可以用来描述个人的职业、事业。此外，“业”还与学习紧密相连，如“学业”。

职业，即个人所从事的服务于社会并作为主要生活来源的工作。

根据中国职业规划师协会的定义：职业 = 职能 × 行业。职业是参与社会分工，利用专门的知识和技能，为社会创造物质财富和精神财富，获取合理报酬，作为物质生活来源，并满足精神需求的工作。

职业的社会性。职业为人类在劳动过程中的分工现象，它体现的是劳动力与劳动资料之间的结合关系，其实也体现出劳动者之间的关系，劳动产品的交换体现的是不同职业之间的劳动交换关系。这种劳动过程中结成的人与人的关系无疑是社会性的，他们之间的劳动交换反映的是不同职业之间的等价关系，这反映了职业活动、职业劳动成果的社会属性。

职业的规范性。职业的规范性包含两层含义：一是职业内部的操作规范性，二是职业道德的规范性。不同的职业在其劳动过程中都有一定的操作规范性，这是保证职业活动的专业性要求。当不同职业在对外展现其服务时，还存在一个伦理范畴的规范性，即职业道德。这两种规范性构成了职业规范的内涵与外延。

职业的功利性。职业的功利性也叫职业的经济性，是指职业作为人们赖以谋生的劳动过程中所具有逐利性的一面。职业活动既满足职业者自己的需要，同时，也满足社会的需要，只有把职业的个人功利性与社会功利性相结合，职业活动及其职业生涯才具有生命力和意义。

职业的技术性。职业的技术性指不同的职业具有不同的技术要求，每一种职业往往都表现出一定的技术要求。

职业的时代性。职业的时代性指的是由于科学技术的变化，以及人们生活方式、习惯等因素的变化，职业会打上那个时代的“烙印”。

初中阶段职业理想教育的提出主要是为了让学生面对现实，尽早规划自己的人生，但又不局限于此，其更加重大的意义在于：初中阶段的学生，据保守估算，人生也有一万种可能，所以，他们的职业选择在这三年间可以随时调整，这种动态调整不是朝三暮四，也不是好高骛远，只要这种动态调整源于学生自己的兴趣爱好和学习能力的变化，我们都要给予最高的尊重。因此，初中阶段的职业理想教育也为学生提供了激励其不断努力奋斗、不断超越自己、成为最好的自己的强大动能。

学业，即学问、学术和学习的课业。学问是指知识、道理；学术是指有系统的、较专门的学问，也是学习知识的一种，泛指高等教育和研究，是对存在物及其规律的学科化；学习的课业在本书特指学业规划，是指为了提高求学者的人生职业（事业）发展效率，而对与之相关的学业所进行的筹划和安排。具体来讲，学业是指在求学者完成文化启蒙阶段的学习以后，也就是在决定其职业发展方向的源头上（一般为初中毕业），通过对求学者的自身特点（如性格特点、能力特点）和未来社会需要的全面认识，确定其人生阶段性职业（事业）目标，进而确定学业路线（专业和学校），然后结合求学者的实际情况（如经济条件、工作生活现状、家庭情况等）制订学业发展计划，以确保用最小的求学成本（时间、精力、资金等）获得阶段性职业目标所必需的素质和能力的过程。

职业理想是努力学习的基础，学习是达成职业理想的途径。学生要根据确定的职业理想，明确学习目标，通过学习目标的不断达成，无限接近自己的职业理想，通过不断升学持续深造，最终实现自己的职业理想。学生应认识到现在的每一天都是奔向45岁时大目标的一小步，这样可以有效解决原来感觉学习单调乏味的痛苦与困惑，解决学习动力不足的问题，从而使学习由“要我学”进入“我要学”的快乐轨道。依据引导，学生把自己的人生理想和祖国民族的未来相联结，从小根植家国情怀，一旦将职业理想上升到事业追求的高度，职业也便实现了升华。职业选择在事业追求的加持下将具有更加强大的感召力，产生更加强大的内驱力。

学业规划是通过求（升）学决策与学业管理来实现和完成的。规划过程是学业规划中的核心要素。求（升）学决策与学业管理是学业规划的具体化与日常化，求（升）学决策是指求学者（初中生）

在求（升）学时对下一阶段学习专业、学校与方式的选择，而学业管理则是通过学生现阶段对自己每天、每时每刻的学习计划与安排，通过品德修养、智力开发、身体锻炼及其他方面素质的全面提高，确保其完成学业后，成长为适应社会经济（人才市场）需要的合格人才，进而顺利实现自己的阶段性职业或事业目标。

学业规划中另外两大要素是规划主体与规划客体，规划主体是指求学者本身，即最终的选择与决策权一定由求学者掌握。规划客体是规划内容，指学业路线，即通过怎样的方式实现学业目标。

正如学业规划概念中提到的，学业规划的过程就是解决问题的过程，即求学者通过科学决策，解决学什么、怎么学、什么时候学、在哪里学、为什么学、谁来学等问题，确保求学者以最小的投入获得适应人才市场需要的能力和素质的过程。这些问题可以归结为“六何”问题。即学何、如何、何时、何地、为何、何人。

《易经》云：“举而措之天下之民，谓之事业。”事业是指人们所从事的，具有一定目标、规模和系统的对社会发展有影响的经常性活动；也指没有生产收入，由国家经费开支，不进行经济核算的文化、教育、卫生等单位；或指个人的成就。这里的事业特指对社会发展有影响的经常性活动和个人成就。

事业是一个人可以一辈子为之奋斗的目标，是终其一生为实现目标而坚持不懈地努力所得的成果。在此过程中，无论路途多么遥远、工资收入多么低廉、工作多么繁难，都会心无旁骛地全身心投入其中，并乐此不疲。事业是人选择工作，人是主动的，这种选择是实现自我价值的需要。事业是追求的一种境界。

职业与事业既相辅相成，又相互独立。当二者相互独立时，职业就是谋生手段，而事业则是自己的追求。如果职业只能解决生存问题及生活的需要，并不能解决归属问题时，职业就不能被称为事业。如果能在职业中找到归属感，就能解决职业和事业的矛盾。

职业精神主要强调爱岗敬业，事业情怀不仅强调爱岗敬业，还强调立志终身从事某项职业，不断培养自我成就感、自我满足感、自我实现感，使爱岗敬业成为内在的自觉追求。如作为教师，只有着力于培养自己的事业情怀，才能不断提高职业幸福感，教育和教学行为才会充满激情、饱含热情、富有真情，才能在实现教育目标的同时实现自身的价值。

职业有 8 小时内外、工作日和节假日之分，而事业是全天候、全身心的；职业一般只需要物质和技术，而事业更需要理想、精神和情感；今天工作了，明天还想工作，叫事业，今天工作了，明天不得不工作，叫职业。职业是事业的基础，事业是职业的升华。

做事业当怀事业情怀。事业情怀是指人们对自己所从事的事业执着追求的情感、坚定不移的信念。事业情怀强的人，能妥善处理自己的能力与任务完成水平之间的关系，失败了也能正确对待。不管做什么事情，干什么工作，有了事业情怀，才会产生进取心和自信心，才会激发主动性和创造性，才会有干事的激情、创业的豪情、敬业的痴情。

虽然说仅有事业情怀并不能够保证一定可以取得事业的成功，但没有事业情怀的人则绝对不可能有什么大的成就。每一位成功人士都有很强的事业情怀，都有一个强大的愿景：希望自己成为一个优秀的、出类拔萃的人。

努力成就一番事业的奋斗精神和热爱工作、希望取得良好成绩的积极心理状态，是人类的一种高尚的情操。具有事业情怀的人能根据自己的主客观条件，确立相当困难但经过努力可以达到的目标，他们认为事业的成功比物质报酬和享受更为重要。他们不拒绝合乎事理的物质报酬和享受，但事业成功的振奋和喜悦胜于其所获得的物质报酬和享受。培养和激励每个公民的事业情怀具有十分重要的意义，是开发人才资源、智力资源的关键之一。

四、“三业”教育开展的紧迫性

当前，职业理想、学业规划和事业情怀在一个人的身上往往呈现一种割裂的状态，需要通过教育这种有效手段将三者三位一体地、有机地联系起来。

当今时代是信息爆炸的时代，尤其是进入5G短视频时代后，人们接受的信息量比十年前乃至五年前暴增了很多倍。而随着智能终端电子产品的大量普及，学生主动或被动获取信息的渠道进一步拓宽，处于义务教育阶段的学生信息接收量也是呈多倍量增加，各类信息内容质量良莠不齐，对当代青少年的世界观、人生观、价值观的冲击巨大。这个阶段，更加迫切地需要从“三业”教育的视角提前加以引导。

随着时代不断地向前发展，从人类学角度出发，个体对信息的判断、认知能力也显著提升。以十年为一个人际代沟的界限，“90后”“00后”“10后”和“60后”“70后”“80后”相比，其学习能力、理解能力、认知能力、实践能力都有了极大的变化。通俗点讲，现在的孩子越来越早熟和懂事。一方面，这是人类的进步；另一方面，家长、教育工作者面临的挑战也将更加巨大、更加迫切。

这也是笔者撰写本书的初衷，希望以“三业”教育的研究、实践，带动全社会对九年义务教育初中阶段“三业”教育产生重视，在全社会形成共识，为当代青少年树立正确的“三业”教育观念。

事业情怀牵动着职业理想，职业理想牵动着学业规划，三者齿轮般啮合联动，“未来”号巨轮必将长风破浪，逐浪前行。

第二节　内涵之韵，“三业”教育深入心

“三业”教育是指职业理想、学业规划、事业情怀三者之间形成啮合联动的教育模式。具体来说，它通过职业理想教育帮助学生初定职业理想，依据职业理想设定职业近景目标，再将职业近景目标转化为学业规划，在学业规划中确定学业目标，用切实可行的学业目标努力追逐并实现职业目标，从而实现职业理想。“三业”教育在开展的全过程中，始终为学生培植事业情怀，用崇高的事业情怀为学生一生赋能，让学生永远有一股向上的力量。“三业”教育积极贯彻落实党的教育方针，强调教育必须为社会主义现代化建设服务，为人民服务，必须与生产劳动和社会实践相结合，培养德智体美劳全面发展的社会主义建设者和接班人。

一、“三业”教育理念的内涵包括三个维度

其一，通过职业理想教育进行职业目标定位，特别是对那些不能升入高中的学生，给予切实的职业生涯规划指导。引导学生在整个初中阶段又不止于初中阶段，始终锚定职业目标，不懈努力拼搏。从当前教育实践的角度来看，在以中考成绩为指挥棒的教育背景下，职业教育定位的引导和教育是比较薄弱的，绝大部分学生是盲目的，甚至说绝大部分家长也是盲目的，亟需开展职

业理想教育的启蒙，培养学生和家长的职业理想教育意识。

其二，通过学业规划教育开启学生时代对职业理想的追求。在整个初中阶段，职业理想与学业规划相互依存，动态调整，将具体的学业目标细化到三个学年进行学业规划，通过目标式学习，激发学生可持续增长的学习力。目标和行动是相辅相成的，如果将中学生的成长成才比喻成个体的一次新长征，在总目标明确的前提下，分阶段、分步骤地开始长征路，即使遇到艰难险阻，也会在目标驱使下努力去跨越。

其三，当前的中学生将是二十一世纪中叶的主体人群，个体成长应与时代发展特征相结合。在二十一世纪的今天，在新时代的大背景下，规划个人长远发展的成长路径，适应时代发展的需求，学生不应只局限于眼前的考试成绩，还应放眼未来，追求远大志向，开阔视野，扩大格局，提升境界，用事业情怀引领职业理想的实现，用事业情怀成就民族与国家的未来，真正成为德智体美劳全面发展的社会主义建设者和接班人。

二、我们倡导的“三业”教育，其重要的特点就是三位一体、互相促进

（一）用职业理想确立学业规划

理想是前进的方向，职业理想具有导向作用。

人生的发展目标通过职业理想来确立，并通过职业理想来实现。托尔斯泰说：“理想是指路的明灯，没有理想就没有坚定的方向；没有方向，就没有生活。”因此，有了明确的、切合实际的职业理想，

再经过努力奋斗，人生的发展目标必然会实现。

根据职业指导专家吉乌茨伯格的理论，14 岁以上的青少年已进入职业的试探阶段，开始考虑需要、兴趣和能力，并在幻想、讨论及对课业选择和在学习中加以应用。在这一阶段建立职业理想，能激发青少年强烈的学习动力，对其成长有着极大的推进作用。

但就当下在职业生涯方面的研究来看，大部分的研究对象以高中生、高职生和大学生为主，少有研究初中生职业理想现状的。

上海市进才实验中学九年级（8）班毛潇涵同学做过一个调查，很具有代表性。

毛潇涵同学利用问卷星，对上海市和湖南省岳阳市的两所公办初中的九年级学生进行网络调查，共收到上海调查对象的有效问卷 178 份，岳阳调查对象的有效问卷 114 份。他设计了 38 个问题，问题分为三个方面：学生职业理想与职业取向状况、家长对孩子职业生涯发展的认识和学生获得职业生涯教育的渠道。最后，通过分析两个城市九年级学生在职业理想和职业取向方面的异同，了解当下初中生的职业理想现状和地区差异情况，尝试提出帮助初中生探索职业理想的方法。

调查结果显示，两地初中生在未来职业理想方面差异不明显。

受我国整体社会经济的发展、互联网的发展等因素的影响，两地初中生在未来职业理想方面没有明显差异。调查结果显示，有明确职业目标的学生比例在 20%~25%，目标不明确的学生比例在 70% 左右，另外有 7%~8% 的学生没有考虑职业目标。

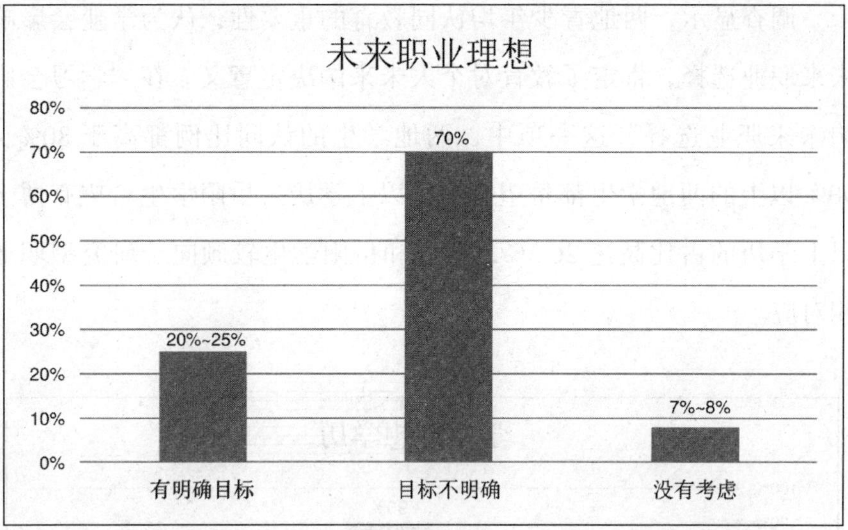

调查结果表明：上海学生更倾向于基于自身兴趣设想未来职业，选择自由型职业的占比高达47.8%；岳阳学生更看重学术，选择研究型职业的占比最高，为36.8%。这在某种程度上说明，上海学生更倾向于追求自我价值呈现，岳阳学生相对传统朴实，偏爱研究型职业。

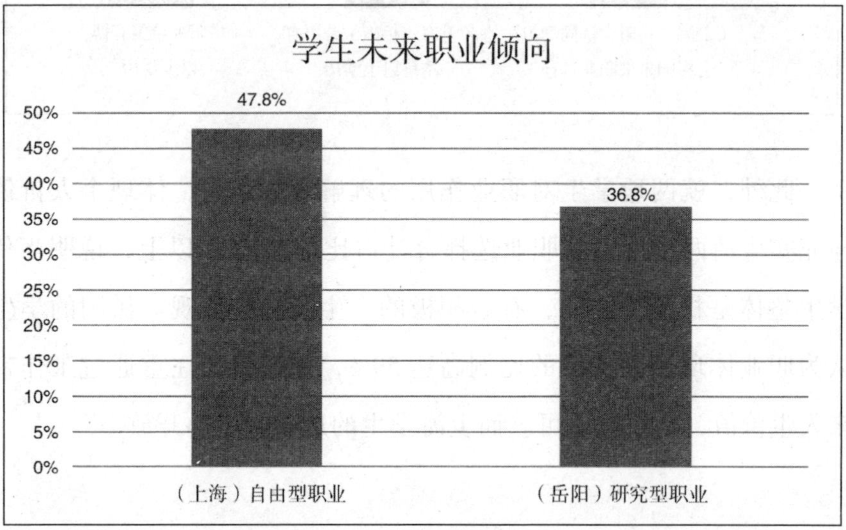

调查显示，两地青少年均认同教育的重要性，认为学业会影响未来职业选择，肯定了教育对个人未来的决定意义。在“学习会影响未来职业选择”这一项中，两地学生的认同比例都高于80%。90%以上的两地学生都希望有本科以上学历。岳阳学生希望有博士以上学历的占比高达26.3%，这也和岳阳学生较倾向于研究型职业相对应。

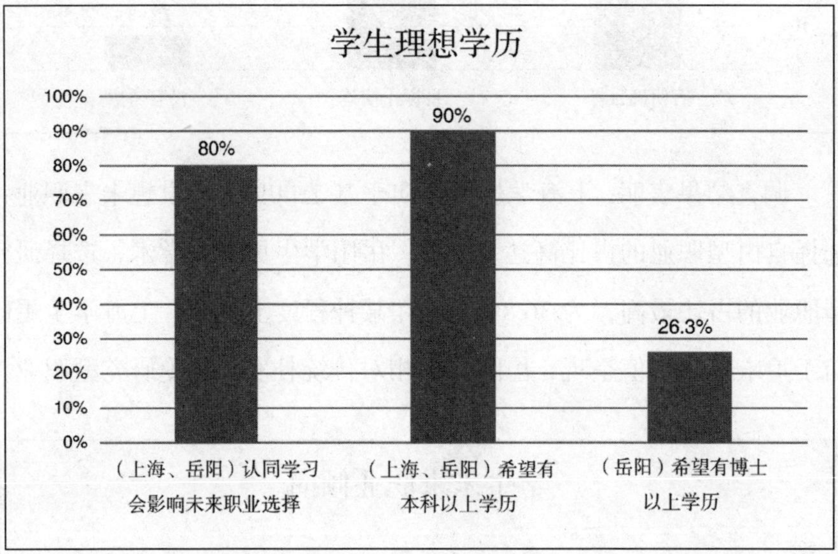

此外，就两地学生对职业作用的理解方面来看，体现个人价值与充实生活两个维度的职业选择合计占比都在75%以上，说明当代学生整体是积极正向的，有着积极的人生观和价值观。岳阳的学生认为职业体现个人价值的比例高达59%，他们更加注重通过工作带来人生价值，希望被认可。而上海学生的选择则更加开放。

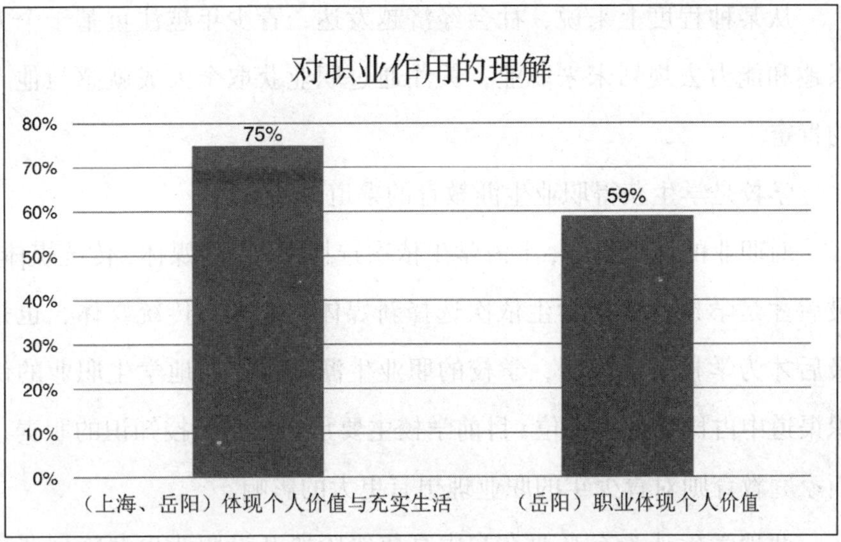

超七成两地九年级学生不愿“子承父业”。

调查结果显示，两地均有75%以上比例的学生不想从事父母当前的职业。这在一定程度上说明，随着社会与经济的发展，当下青少年有着更多的职业选择和追求。

上海家长对子女的职业期待偏向于孩子的兴趣发展。上海家长期望子女选择自由型职业的占比最高，为35.4%。上海的父母首先会基于子女兴趣和能力进行职业推荐，其次考虑职业发展前景。从一定程度说明，随着经济生活水平的逐步提高，越来越多的上海家长希望子女未来从事自己所感兴趣的职业，对于孩子选择职业的态度更加开放和包容。

岳阳家长对子女的职业期待倾向于相对稳定的专业技能型职业，占比高达40.4%，其次研究型的职业占比29.8%。岳阳的父母首先考虑工作稳定，其次考虑职业发展前景。

从某种程度上来说，社会经济越发达，青少年越注重基于个人兴趣和能力去规划未来职业，关注通过职业获取个人成就感与他人的肯定。

学校是学生获得职业生涯教育的渠道。

对职业的认识渠道，上海学生依次选择家人，新媒体，传统媒体，最后才是学校；岳阳学生依次选择新媒体，家人，传统媒体，也是最后才为学校。这说明，学校的职业生涯教育在两地学生职业的认识渠道中占比都处于末位，目前学校主要承担的是传授知识的职责，而家庭教育则对青少年的职业理想有更大的影响。

两地学生认为有必要在初中高年级阶段开设职业生涯规划课程的比例分别是 68.2% 和 71.9%，这在某种程度上说明，初中生对学校开展相关的职业生涯辅导有较高期待。

在职业生涯课程的内容方面，学生对自我认识的提升与职业生涯规划这两方面的兴趣较高。学生们普遍希望学校组织各种各样的体验职业的活动，能够获得老师和家长的职业指导，希望学校能够组织各种讲座来引导他们了解各种职业。总体而言，初中高年级的学生期待学校能够在职业生涯规划方面给予一定的指导。

为此，毛潇涵同学建议如下：

第一，加强学校的指导作用

通过调查，他发现学校在职业理想教育方面并没有发挥应有的职能。考虑到近几年在初中开设职业规划课程的可行性，并结合调查结果，他建议，学校要把社团、拓展课和心理课等课程利用起来，扩展自选课程的广度和多样性，为学生们提供找到真正兴趣所在的机会；在心理课中增加认识自我的部分，通过有趣的问卷、提问、交流，引导学生们发现自己的个性、优点、爱好。由此，可以较大程度地发挥学校的作用。

第二，学校最大化地用活家长的资源

从事多样化职业的家长群体可以提供的资源很多：在某一领域有所长的家长可以走进校园，向孩子们分享该方面的职业知识和经验；在班级个体的社会实践活动中，家长们也可以帮忙联系不同的单位，提供参观机会，让孩子们走近不同的职业，如研发前线、法院、互联网企业、福利机构等，为孩子们的职业理想提供真实场景。家校携手合作，为职业理想保驾护航，提供真实体验的机会。

第三，家庭个体应注意对孩子职业理想的培养

通过调查发现，家庭是青少年职业理想的重要影响因素。在初中阶段，家长们应注意发展爱好、启发思考这两方面。其一是要帮助孩子发展爱好，尊重、鼓励孩子选择感兴趣的学科、活动，深入地参与、研究；其二是要引导孩子对职业理想有一个初步思考，有目标才能走得长远。

大连市第十七中学也做过学生的职业理想问卷调查，最终得到的数据显示，对于职业理想的确立，初中生通常会表现为极端化选择，要么过高，要么过低。我们认为，作为一名初中生，其职业选择无论高低，都是在当下这个阶段学生的一种主观选择，我们应该予以尊重。同时，在尊重的前提下，有必要通过“三业”教育，对他们的职业理想方向进行修正，使其更加趋于合理化和实际化。因此，对于初中生来说，职业理想教育宜早不宜晚，初中生无论从生

理上还是心理上都已具备接受职业理想教育的条件，及时引导他们树立人生目标，了解自己的兴趣和可能发展的职业方向，避免其方向茫然感的滋生和随波逐流性格的养成，对他们以后的人生发展有深刻的意义。开展职业理想教育可让学生的学习和成长有一个更为清晰的目标，并保持积极向上的人生态度。职业理想教育的目的，不是让学生立刻做出职业生涯规划，而是唤起他们规划人生的意识，教会他们进行职业规划的策略和途径，从而慢慢培养他们自主规划职业生涯的能力。只有深刻认识到人生需要规划，人生可以规划，学会如何规划人生，他们才能在未来的生活中时刻对自己进行规划，不至于始终在人生路上寻寻觅觅，跌跌撞撞，没有明确的方向。

在辽宁省大连市，一项旨在为普通中小学生开展职业启蒙教育的工作正在开展，这对中小学生尤其是中学生来说，是一个利好的消息。

2024 年 1 月，大连市教育局公布首批大连市职业技能体验活动基地名单，面向全市普通中小学生开展职业启蒙教育，这是有益的探索和尝试。

根据《大连市教育局关于开展大连市职业技能体验活动基地申报的通知》要求，经学校申报、专家评审，2024 年初，大连市教育局公布遴选确定了大连职业技术学院等 20 个首批大连市职业技能体验活动基地名单。

20 个首批大连市职业技能体验活动基地名单及体验项目

序号	学校	职业技能体验活动项目
1	大连职业技术学院	工业机器人系统操作、汽车加工生产线、服务机器人互动、人工智能应用、动力电池原理展示及虚拟拆装、汽车维修、航海实践演练、逆向设计与 3D 打印、纸艺陶艺
2	大连市轻工业学校	卡通人物 3D 打印、国际象棋、数控车加工、工业机器人操作、立体纸艺及民间艺术品制作、图形图像艺术处理、西式糕点烘焙
3	大连电子学校	工业机器人操作、传感器应用、节能灯三维模型设计、电子相册及动态海报设计、轻黏土制作
4	大连商业学校	茶艺礼仪及基本冲泡技术、3D 打印、基础化妆、发型设计、剪纸贝雕手工制作、沙画创作、中式面点、西式烘焙、日式简餐、咖啡饮品冲调、健身指导、空中乘务、商超运营及直播拍摄、乐高搭建
5	大连市经济贸易学校	无人机操控、电商直播、动漫制作
6	大连旅游学校（大连女子学校）	插花、茶艺、饮品制作、收纳、烘焙、美术手工、急救、按摩、摄影＋直播、化妆
7	大连市综合中等专业学校	动画设计、数控车床加工、工业机器人编程、餐巾折花、研学导游、室内设计、网络主播
8	大连市建设学校	插花、装饰装修、城市轨道交通运营
9	大连市技师学院	3D 打印、模型组装、电子电路经典实验、茶艺、乐高机器人组装、无人机操作、钳工、冷作工、铸工
10	大连交通技师学院（大连市交通口岸职业技术学校）	汽车养护体验、汽车控制系统故障诊断、汽车底盘与定位数据测量、列车出库驾驶操作、工业机器人机械臂的认知、物流智能拣选及出入库作业、无人机组装、智慧起重机操作手
11	大连市烹饪中等职业技术专业学校	中式面点、西式面点、饮品制作
12	大连海洋学校	船舶入港操作、水手工艺实训、船舶旗语通信、轮机模拟实训

续表

序号	学校	职业技能体验活动项目
13	旅顺口区职业教育中心	无人机模拟飞行、茶艺、中式面点
14	金州区中等职业技术专业学校	新能源汽车仿真实训、智能制造数字化、制冷设备与电气控制、动态沙画与沙瓶画、计算机动画制作、3D 打印
15	大连经济技术开发区中等职业技术专业学校	汽车常规养护、电子技能体验、3D 打印、计算机商贸实训体验
16	普兰店区职业教育中心	机械加工、电气装配、农业生产
17	瓦房店市第一中等职业技术专业学校	发动机机油更换、电控发动机故障诊断、office 办公软件应用、图片编辑、酸奶面包制作
18	瓦房店市机械制造中等职业技术专业学校	安全防护、数控技术应用、多媒体技术应用
19	庄河市职业教育中心	会计电算化、计算机应用、汽车运用与维修
20	长海县中等职业技术专业学校	餐巾折花、老照片修复、软件编程、孔明锁制作、幼儿护理、脸谱画

各职业院校要按照申报的职业技能体验活动计划完善课程教学设计，开发特色职业技能体验活动项目，保障师资和设备配备，规范收费管理，广泛开展职业技能体验活动，进一步提升职业教育的吸引力和影响力。

同时，大连市教育部门要求，各区市县教育行政部门、各职业院校要高度重视职业启蒙教育，加强普通教育与职业教育渗透融通，充分依托职业技能体验活动基地，面向全市普通中小学生开展职业启蒙教育，培养学生的职业认知、职业兴趣和职业规划意识，提高学生的实践动手能力。

最重要的是，每一种职业理想的选择都会对应实现这一理想的路径。在初中阶段，其主要的实现路径就是下一步对学校和专业的选择。学生的选择权主要通过中考来实现，由此将职业理想和学业规划对应起来。

例如，职业理想是律师。

实现这一职业理想的路径是必须具备相应的学历。根据司法部门的最新规定及标准，必须是本科及以上学历才有资格参加相应的考试，从而取得相应的资格证书，然后才有机会成为一名律师。

对于一名初中生而言，这一职业理想通常意味着需要读高中，考本科。

又如，职业理想是高校教师。

如果想成为一所 985 院校的教师，通常需要以下条件：本科就读于 211、985 类高校；读研、读博时选择 211 以上高校，最好是 985 高校的硕士、博士。

对于一名初中生而言，这通常意味着需要读重点高中，考重点大学。

再如，职业理想是厨师。

其实现的路径是读烹饪专科学校。这个目标实现起来相对不难，但做一名合格的厨师还是需要起码的文化知识水平的，做一名优秀的厨师，相应的文化水平更是不可或缺的条件。况且，对于一名初中生，首先需要把文化知识学好，这也是一名初中生的职责本分。

（二）用学业规划追逐职业理想

学业规划能力，是一种非常重要的综合能力。

将大目标分解为一个个小目标，将远目标拉近为一个个近目标，这种以目标为导向的管理手段有助于终极目标的实现。在将职业理想转化为学业目标后，进一步将初中阶段的大的学业目标进行分解，拉近为初中三年每一个学段的小的目标，对目标达成度进行对标、对表，进行科学理性的学业管理。以目标引领评价项目，引导学生走向目标、接近目标、坚定目标，让学业目标引领学生进步，变被动学习为主动学习。

当下，对学业目标进行规划的方案不少，但是将职业理想和学业目标联系起来，特别是用学业规划追逐职业理想的方案很少。

用学业规划追逐职业理想，包含两层含义：一是学生要明确，想实现这个职业理想需要什么样的学习成绩做支撑；二是学业目标与职业理想还有一定距离，因此需要学生用一股向上的力量去努力奋斗，以拼搏的姿态来实现这个职业理想。

例如，职业理想是小学教师，实现路径是读省属师范大学，一般情况下需要读省级示范高中。

作为一名初中生，在指标生比例逐步加大的情况下，须在学校内部竞争中稳定在指标生范围内，才能保证考上省级示范高中。以此也可大致判断出自己所需要达到的校内排名。

此外，通过研究近三年省级示范高中在本校的录取分数，对自己中考需要达到的成绩也要有一个判断。

如此一来，就将职业理想转化为中考这个比较大的学业目标，再将这个目标继续分解到每一个学期，就能够做出一个比较具体和常规的学业规划了。而且，这个学业目标一直被职业理想牵动着，一个学生不只是仅仅为了达成学业目标而学习，更是为了实现自己的职业理想而学习。

下图即为一个学生用学业目标追逐职业理想的学业规划图：

职业理想	大连市某区某小学教师
目标学校	辽宁师范大学附属高中、辽宁师范大学
中考目标分数	参考 2023 年录取分数 统招 652；指标到校控制线 615；指标统调分数线 659.5
大连市一模	650
九年级成绩	645
八年级成绩	年级前二十
七年级成绩	年级前三十

（三）用事业情怀抵达职业高峰

初中生已经进入青春期，这一时期是形成世界观、人生观、价值观的关键期。因为 60%~70% 的学生即将进入职高和技校，这也是对新城区新市民学校的初中学生进行事业情怀培养的必要期，以期培养出具有坚定理想信念、真挚爱国情怀、以民族复兴为己任的时代新人。

事业情怀是职业奋斗的催化剂。一个以职业为事业的人，通过职业的事业化便也实现了职业的神圣化，他的职业幸福感一定会超越小我，达到忘我。

有这样一个故事：两个人从同一扇窗子往外看，一个人看到的是满地的泥泞，另一个人看到的是满天的繁星。这说明对同一件事情的态度，并不完全取决于事情的本身，还在于人的主观能动性。

一份职业对于从业群体中的任何一个个体来说，其认知和感受程度应该说都是差不多的，能改变的只有个体的心态。以积极的心态面对职业，并将之视为自己追求的事业，那工作起来就会心情舒畅，充满激情和创造力，就可能有所建树。反之，如果消极地面对工作，被动地应付差事，就会感到索然无味，难以有所作为。

我们要培养这样的人：哪怕是在职高技校就读，也要在职高技校做佼佼者，成为正能量的传播者，引领同学们向阳而生、向上生长。将来，他们要带着自己的同学创业，或者成为高水平的技术工人，甚至是成为大国工匠。

所以，在大连市十七中学，让劳动模范和大国工匠的形象呈现在孩子们的眼前，让他们的精神鼓荡在孩子们的心间。教学楼的走廊里有他们的形象，德育微视频里有他们的声音，特别是“百行讲堂”，他们来到了孩子们的身边，激励孩子们立下庄严的誓言：“我将来一定会用事业心来做职业，成为把职业做成事业的人！”

第三节　理论之基，“三业”教育稳扎根

学校教育观念作为教育教学的思想基石，不仅直接影响着教师的教育态度和教学行为，更是塑造学生未来的无形之手。对学生进行“学业规划”“职业理想”“事业情怀”的“三业”教育，既是以学生为中心的教育理念的体现，也是对学生未来负责的深远考虑的体现。在新城区新市民学校的背景下，这种教育不仅回应了历史的发展脉络，也积极响应了国家的教育政策。

一、职业理想教育的深层根基

职业教育作为教育链条中的关键环节，承载着为社会输送高素质技术技能人才的重要任务。自二十世纪初至今，职业教育历经百余年的沉淀与发展，其在社会中的作用日益凸显。

经济因素对职业教育的影响不容忽视。随着生产力水平的不断提高，劳动力市场的分工愈发精细化，对教育类型的多样化需求也随之增强。新世纪以来，我国职业教育发展势头强劲，面临着前所未有的发展机遇，国内外劳务市场对技能型人才的旺盛需求，为职业教育的发展提供了广阔的空间。

党和国家高度重视职业教育的发展。《国务院关于加快发展现代职业教育的决定》中明确提出了构建现代职业教育体系的目标，

强调产教融合、校企合作的重要性，旨在培养数以亿计的高素质劳动者和技术技能人才。这不仅体现了国家对职业教育的战略定位，也为职业教育的未来发展指明了方向。

教育部职业教育发展中心研究员姜大源指出：“职业教育应以就业为导向，不仅使学生具备满足职业工作岗位要求的能力，还应使学生获得可持续发展的基础。”这一观点深刻揭示了职业教育的本质和目的。为了使学生获得全面的职业能力，教育工作者需要重新审视职业教育的理念和实践，从单纯的知识或技能复制转向对能力的培养。

新高考制度的实施进一步凸显了职业生涯教育的重要性。新高考的“3+3”选科模式要求学生在高一年级就完成选科，这无疑加大了对学生职业规划的要求。例如，北京大学医学部的大部分专业要求学生选考“物理＋化学”，这就要求学生在高一阶段就对未来职业和专业需求有所了解。因此，将职业理想教育前置至初中阶段显得尤为重要。

除了职业教育发展的新态势外，对于中考即分流的新城区新市民学校而言，将职业理想教育前置还有其深层的理论基础。发展心理学理论指出，初中生正处于自我认知和社会认知的关键时期，对未来职业产生了朦胧的设想和规划。因此，在这个阶段开展职业理想教育有助于他们更好地认识自己，明确发展方向。同时，教育学理论、职业教育理论、人本主义教育理论和生涯规划理论也为职业理想教育提供了坚实的理论支撑。

二、学业规划对学习的强力驱动

目标理论作为研究目标与行为关系的重要理论，在管理领域得到了广泛应用。在教育领域中，目标理论同样具有指导意义。它认为明确的目标能够激发个体的积极性和努力程度，从而提高学习效果。

在课堂教学中为学生设定明确的学习目标比单纯要求他们尽力而为更有效。教师可以通过控制课堂教学的各个环节来引导学生设定并追求有利于自身能力发展的学习目标。同时分解问题的难度，逐步引导学生完成任务并建立信心。这种以目标为导向的教学方法，不仅提高了学生的学习成绩，还培养了他们的自主学习能力。

制定学习目标对于个人和组织的成功至关重要。明确的目标能够为学生指明学习方向、提高学习效率、增强学习动力、评估进步程度并培养自律品质。当学生实现了自己的学习目标时，他们会收获成就感，进而提高自信心和积极性，为未来的学习和发展奠定坚实基础。

学习目标对学习促进作用的理论基础主要源自目标导向理论、自我决定理论、认知负荷理论和元认知理论。这些理论共同强调了明确目标在引导个体行为、激发内在动机、降低认知负荷和提高自我监控能力方面的重要作用。

学业规划就是通过设定明确的学习目标并鼓励学生持之以恒地努力，进而达到“天天给力量，日日促成长”的教育效果。这种以目标为导向的学业规划理念不仅提高了学生的学习效果，还为他们未来的职业生涯奠定了坚实的基础。

三、事业情怀对学业与事业的深远影响

事业情怀作为一种内在的驱动力和追求卓越的精神品质，对个体的学业和事业发展具有深远的影响。它体现了个人对事业成功的渴望和为之付出的决心与努力。无论从事何种职业，事业情怀都是不可或缺的重要因素。

苏联杰出的教育家马卡连柯和先贤梁启超等都对事业情怀的重要性给予了高度评价。他们认为事业情怀是一种道德品质，也是一种对事业的热爱和敬业精神。拥有事业情怀的人会更加投入地工作和学习，不断追求卓越并为社会做出积极贡献。

习近平总书记指出的劳模精神、劳动精神和工匠精神是新时代对事业情怀的具体诠释。这些精神品质诠释了对工作的热爱、对技能水平的追求和对品质的执着，是激励人们不断奋进的精神力量。对于学生而言，培养事业情怀就是培养他们对学业和未来职业的热爱，使他们在学习和工作中都能够追求卓越、勇攀高峰。

事业情怀的重要性可以从多个理论角度进行阐释。生涯教育理论强调了个人在职业发展中设定目标、计划和行动的重要性，而事业情怀正是这些目标、计划和行动的内在驱动力。人生规划类观点认为个体需要为自己的未来制定明确的目标并付诸实践，而事业情怀则是推动个体不断向目标迈进的重要力量。自我决定理论和成长型心态理论都认为个体的内在动机和信念对其行为和发展具有决定性影响，而事业情怀正是个体追求成功、实现自我价值的内在信念

和动力来源。

在教育实践中对学生进行事业情怀的教育具有重要意义。通过培养学生的事业情怀，我们可以激发他们的学习热情和动力，使他们更加专注地投入学业和未来的职业发展中。同时事业情怀教育也有助于培养学生的责任感、使命感和担当精神，使他们能够更好地适应社会需求并为国家和社会的繁荣做出积极贡献。

在职业理想、学业规划与事业情怀的共同激励下，学生将逐渐明确自己的人生目标和未来发展方向。他们将以更加坚定的步伐，勇往直前，不断追求卓越，为实现个人价值和社会进步贡献自己的力量。这种教育理念和实践不仅有助于学生的全面发展，也为社会的进步和繁荣注入了新的活力。

第二章

仰望高阶天空，铸就现实坦途

抬头的一片天，是男儿的一片天

——艺术让人变得更美好

6月份大连市第十七中学举办了以“艺术让人更美好”为主题的艺术展。我们从三个方面开展的活动：艺术作品本身能熏陶人、感染人，让人更美好；艺术，让创作着的创作者更美好；艺术创作，让一个人的品格更美好。各项活动有条不紊地推进着，校园里充满了艺术的气息，艺术在校园里就应该像阳光、大地、水和空气，是一所正常的校园里原本就应该始终存在的味道，常态长效的味道。

午间，校领导和音乐老师逐个班级走过去，去听一听学生们排演的歌。

出乎意料，一个埋没在人群中的其貌不扬的男孩站了起来，他的背驼着，神情有些木讷，他站起来的那一刻我感觉有些突兀——他怎么突然站起来了，站起来的为什么会是他？

听，他开口唱了，天哪，动人的声音像山间流淌的泉水，明澈清洌，又仿佛一道柔光，一下子把他照亮了，他的眼睛亮了，面庞亮了，整个人都亮了，他变得那么有神采，变得那么可爱，那么有魅力，他沉浸在歌曲之美中，我沉浸在他带给我的美好中。我轻轻地走过去，把他的背扶直，大声告诉他：“挺直身板唱，小伙子，你真帅！”唱歌的他真帅，但是又有多少人曾经欣赏过他的帅呢？“教育就是要努力创造机会让一个人更帅，让一个人成为更好的自己呀”，我悄悄地握了握拳头。

接着，我们又来到了一个学生比较调皮、让人有些苦恼的班级，我转过身子听他们唱歌，之所以转过身去看大屏幕，是因为我对歌曲的旋律和歌词都非常陌生。我一句话一句话地听过去，看过去，悲伤的沉郁的歌词让我的心情很沉重，其实在他们的心里一直有外界和自身施加的压力，这些压力全都在歌词中，“嘲讽、泪水、找不到未来的方向”，虽然歌曲的最后有“向前冲，不服输，钻石闪光不是梦”的昂扬，但我知道，这对于他们而言其实是一种忍痛坚强，绝望坚持。

你们，孩子们，为什么非得把自己逼到无望的谷底才去做触底反弹的挣扎？为什么要到无路可走时才头破血流地去撞出一条出路？

而我们，成人们，更多的只是看到了孩子们的顽皮、有时甚至是顽劣，我们何尝努力探寻他们因何而顽劣，探寻他们内心的隐秘？我们总是站在自以为是的高位上压制，以为低眉顺眼的驯服就是教育。

我们要在孩子们的眼前点亮一盏灯，心里燃起一团火！“三业”教育是灯，“情知教育”是火，用灯和火天天给力量，日日促成长，我们不与他人比分数，先和自己比进步。

半个学期的“五月五节”一路走来，养德月、智运会、劳动节、艺术展、体育秀，就是希望在孩子们无处宣泄的青春躁动中找到一个出口，一个方向。教育是一门艺术，艺术是教育的有效手段，艺术展让燃起来的青春不是青春炸弹而是青春礼花，艺术让人更美好。

在当今这个知识爆炸、信息快速传播的时代，教育已不再是单纯的知识传授，而成为了培养学生全面能力、塑造其终身学习习惯和品质的重要途径。对于新城区新市民子女这一群体来说，他们所面临的教育挑战更为严峻。这些孩子往往由于家庭背景、社会环境等原因，在知识基础、学习资源和学习动力上存在明显的不足。

因此，我们需要转变传统的教育观念，从单纯追求成绩的教育模式转向关注学生全面成长的教育模式。这就要求教育工作者不仅要关注学生的知识水平，更要重视他们的情感需求、价值观念、社会交往能力。通过实施“三业”教育，我们可以帮助学生更好地认识自我，规划未来，培养他们的职业素养和学习目标，为他们的长远发展奠定坚实的基础。

同时，家庭、学校和社会在学生的成长过程中发挥着不可或缺的作用。家庭教育是学生成长的起点，学校教育是学生知识和能力形成的关键环节，而社会教育则为学生提供了实践和锻炼的平台。因此，我们需要建立家庭、学校和社会（以下简称“家校社”）协同育人的机制，形成教育合力，共同为学生的成长提供支持和保障。

针对新城区新市民子女的特殊情况，我们还需要在教育实践中采取一系列创新措施。例如，通过开设“家校社”系列主题课程，促进家庭、学校和社会的交流与合作；实施教师“双师制”，既做学生的精神导师又做学法军师，为学生提供全方位的指导和帮助；坚持“三业”教育三节课，让“三业”教育成为学生成长的主线；

打造“五微”德育课程，通过微小而精准的教育点，激发学生的内驱力，促进他们的持续成长。

综上所述，对于新城区新市民子女的教育问题，我们需要以全新的视角和理念来审视和解决。通过实施创新教育模式、建立“家校社”协同育人机制以及采取一系列具体的教育实践措施，我们可以为这些孩子铺设一条通向未来的康庄大道，让他们在教育的星海中仰望高阶天空、铸就现实坦途。

第一节　探秘教育星海，明晰行动框架

学生中考分流后的归宿，常被社会忽略，却是衡量学校教育质量的重要指标，这关乎教育的良心。在初中阶段开展“三业”教育，不仅切实解决新城区新市民家庭面临的现实问题，也关系到学生的未来幸福和社会的稳定发展。

教育工作者要不忘初心，转变角色定位，由只盯着眼前成绩，转变为全心全意为学生的成长服务。德育部门中层干部和班主任老师要成为引领学生职业理想逐步明晰的规划师，成为学生确定和实现学业规划的指导师；学校、家庭和社会各界人士，要成为助力学生事业情怀养成的塑造师。

“十年树木，百年树人”，教育重任，教师在肩。以“三业”教育切实解决新城区新市民子女面临的教育问题，为学生未来三十年的发展负责，教育工作者与家庭和社会要形成教育合力，确保“三

业”教育扎实落地。

一、开设家庭、学校、社会系列主题课程，促进合作，协同育人——送给家长“四堂课”，教会家长做家长

2021年10月，全国人大常委会通过的《中华人民共和国家庭教育促进法》规定：“未成年人的父母或者其他监护人负责实施家庭教育。国家和社会为家庭教育提供指导、支持和服务。”“中小学校、幼儿园可以采取建立家长学校等方式，针对不同年龄段未成年人的特点，定期组织公益性家庭教育指导服务和实践活动，并及时联系、督促未成年人的父母或者其他监护人参加。”

为此，大连市第十七中学开展了“教会家长做家长”“做最好的家长”系列活动，开设了“同心圆”家长学校，送给家长“四堂课”，助力家长成长。送给家长的“四堂课”分别是：家长学堂，家长在专家的引领下学与教育相关的法律法规、学养儿、学育儿；家长讲堂，由在育儿方面有经验或教训的家长做讲座，分享其在子女教育过程中的事例；家校合堂，家长、教师、学生在班级共同完成一节班会课，让教育效能现场催化，即时发生，马上见效；家长诊堂，家长通过小程序，在孩子教育方面出现难题时找专家“寻医问药”，学校利用校内外教育资源对问题学生和家长“精准诊疗”。

二、实行教师“双师制”，教师既做精神导师，又做学法军师

由学校党支部牵头，在领导干部、党员教师精神导师制先期

试验的基础上，对学生教育由“导师制”走向“双师制”，即所有教师既做学生的精神导师，又做学生的学法军师。精神导师给动力，解决思想问题，为学生提供强大的学习内驱力；学法军师给方法，解决学习问题，为学生成绩提高出谋划策、保驾护航。“双师”要紧盯首尾两极学生，以及问题生中的关键少数，努力让优生更优，差生不差。德育部门、教学部门携手，德育部门做精神导师指导与督促，教学部门做学法军师指导与督促，一体两翼，持续为薄弱生、薄弱班赋能，精神上补钙，学习上增效，让薄弱生、薄弱班充满向上的激情与动力。

三、德育部门坚持“三业”教育三节课，让“三业”教育成主线

每学期开学初学校德育部门均要组织开展三节班会课，主题分别为“我的职业理想”“我的学业规划”和“我的事业情怀”，主要内容围绕学生假期的职业体验、上个学期的学习成绩和上个学期开展的“百行讲堂”进行，学生要在班会上认真交流，会后将有关内容记录在自己的《“三业”教育手册》上，以此督促自己将“三业”教育要求的有关工作对标、对表，保证真正落实，具有时效。

四、学校打造“五微”德育课程，天天给力量，日日促成长

大连市第十七中学学生的初中生活从入学礼开始，每周一从精心设计的升旗仪式开始，每天早晨从 5 分钟励志微视频开始，每节课从班级励志口号开始，每天中午从经典阅读开始，每天夜晚从“暮

省”开始，个人管理从“今天我当家”自管队开始，这一个个“开始”串成了一条德育赋能链条，形成了心灵持续成长的闭环。

人活一口气，这口气，就是精气神。物质养身，精神养心。精神作用的不同和大小对所属人群的属性，亦有所不同。青少年需要精神的鼓舞和激励，精神的鼓舞和激励能产生力量。对于一所60% 以上的学生是外来务工人员子女的学校，学生知识底子薄，学习的动力不足，这样的学生尤其需要精神的鼓舞和激励，尤其需要注入“勇于求知”（康德箴言）的力量。所以，需要首先给学生们的心里装上发动机，而且要逐步提高动力和性能，产生强大的永动内驱力。进入青春期，孩子们最反感的事就是听别人讲道理，特别是讲大道理，“告诉我，我会忘记；做给我看，我会记住；让我参加，我就会完全理解”（本杰明·富兰克林名言）。可见，说给孩子听，不如做给孩子看，做给孩子看，不如让孩子在体验中自觉自悟。

当今社会，微博、微信、微视频等微产品逐渐普及到人们生活的方方面面。“微时代”的到来，也给教育领域带来了新的机遇。黎加厚教授将“微课程”定义为一种在 10 分钟内集中说明一个问题的小课程，有着明确的教学目标，内容简短。在德育教育上同样需要微课程、微课堂。德育微课堂，微在内容精、时间短、形式巧，通过细小的点连成线，采取成串、立体、多元、多面的教育方式，实现简短、精练、定向的教育效果。首先需要确定一个小原则，那就是“少讲大道理，多讲小故事。少说教，多体验。少抽象，多形象”。德育微课堂想方设法在孩子们有兴趣时出手，在孩子们厌烦之前收手，始终坚持“天天给力量，日日促成长”的长线方针。

学校从以下五个方面，开展德育微课堂的探索与实践：

【微课堂 1】所有人坚持“微讲话”，讲短话，时长不超过 10 分钟；多讲小故事、少讲大道理。

例如，笔者在 2019 年 12 月 20 日调到大连市第十七中学工作，对学生进行的第一次讲话，就体现了这一点。

不问出身，只为未来

——2020 年元旦致辞

杨旭华

亲爱的老师们，同学们：

大家好！

今天，我讲话的题目是“不问出身，只为未来”，它的意思具体点说是“不问你们的出身如何，只为你们的未来负责”，通俗点说是“不问你们从哪里来，只为你们能到哪里去”。

可是坦率地讲，确定这样一个主题恰恰源于我清楚地知道，在我们学校，有 60% 的同学来自全国各地，是大连市的新市民。其实，我和绝大多数同学一样，我也是新市民，我来自葫芦岛农村。所以今天我不讲大道理，我只讲三个小故事。

第一个故事：伊尔·布拉格是美国历史上第一位荣获普利策新闻奖的黑人记者，他创造了美国新闻史上的一个奇迹。他说：“小时候，我们家很穷，父母都是靠出卖苦力为生。我一直认为，像我们这样地位卑微的黑人是不可能有什么出息的。”布拉格 9 岁的一天，父亲带他去参观凡·高的故居，在那张著名的吱嘎作响的小木床前，布拉格好奇地问父亲：“凡·高是世界上最著名的大画家，他不是位百万富翁吗？”父亲回答他：“凡·高是个连妻子都娶不上的穷人。”又一年，父亲带着布拉格去了丹麦，在童话大师安徒生的故居面前，布拉格困惑地问：“安徒生不是生活在皇宫里吗？”父亲答道：“安徒生是位鞋匠的儿子，他生前就住在这栋破阁楼里，他的皇宫只在他的童话里才出现。”从此以后，布拉格的人生观完全改变了。他说：“我庆幸自己有一位好父亲，他让我认识了凡·高和安徒生，而这两位伟大的人物又告诉我，成功与贫穷无关。”

其实，每个人都应该相信，上天是公平的，而且它有时会给人类开个小小的玩笑——它有时会把那些聪慧的宠儿放在贫困的家庭中，让他们童年贫穷，出身卑贱，但是，上天一定会青睐某些穷人——他们有着坚强的生存意识、果敢的斗志、不屈的傲骨和出众的天赋，上天定会在某个有价值的领域，让他们脱颖而出并出类拔萃。

孩子们，请记住，一个人只要知道上哪里去，全世界都会给他让路。

第二个故事：那天，一位小学一年级新生的妈妈坐在我的办公室里，她对我说，今天她坚强了。几年前，面对幼儿园的老师，除了哭，她不能完整地说出一句话，因为她的孩子是渐冻人，她的孩子没有未来。我和小学一年级新生的班主任坐在她面前，孩子被爸爸带到外面回避着，我能隐约听到走廊里父与子细微的笑声。“我们一定努力让孩子安全快乐。您说，我们还能做点什么？您放心，我一定尽全力。”班主任老师的语气里满是心疼，直听得我泪水盈眶，我们是在给一个没有未来的孩子未来。我常常自问：“教育是什么？”教育家的答案太多了，但是我想如果非要让我回答，我的答案：教育工作者必须心怀善良，心有柔情，教育就是用爱教会爱。

孩子们，请放心，教师的良心要求我们，我们要给你们一个美好的未来。

第三个故事：有个叫申科尔的英国教师，发现了一叠25年前40位孩子的作文，题目叫“我的未来是……”。申科尔翻了几本作文，很快被孩子们千奇百怪的自我设计迷住了。最让人惊奇的是一个叫戴维的同学，他认为，将来他必定是内阁大臣，因为在英国还没有一个盲人进入过内阁。申科尔老师突然有一种冲动——何不把这些本子重新发到同学们手中，让他们看看现在的自己是否实现了25年前的梦想。当地一家报纸得知他的这一想法，为他发了一则启事。没几天，一封封来信向申科尔飞来，他们中间有商人、学者、政府官员……一年后，申科尔老师手里仅剩下一本作文本没人索要，就是那个盲人学生戴维的。就在他准备把这个本子送给一家私人收藏馆时，申科尔老师收到了一封来信。来信中说：“那个叫戴维的就是我，感谢您还为我们保存着儿时的梦想，不过我已经不需要那个本子了，因为从那时起，我的梦想就一直在我的脑子里，我没有一天放弃过。25年过去了，我已经实现了那个梦想。”

戴维作为英国第一位盲人大臣，他用自己的行动证明了一个真理：谁能把儿时的梦想保持25年，并不懈努力，那么25年后他就一定能够实现梦想。

孩子们，请相信，只要我们把梦想放在脑子里，并不懈努力，我们也一定能够实现梦想。

哪吒用行动告诉我们，我命由我不由天；陈胜说：“王侯将相宁有种乎？”我们要说，从明天开始，在家里做听话的好孩子，在学校做努力的好学生，在社会做友善的好公民。孩子们，请记住，一个人只要知道上哪里去，全世界都会给他让路。孩子们，请放心，教师的良心要求我们，我们要给你们一个美好的未来。孩子们，请相信，只要我们把梦想放在脑子里，并不懈努力，我们也一定能够实现梦想。

2022 年 3 月 1 日的校长讲话创造了大连市第十七中学校长致辞史上最短纪录。《半岛晨报》以《开学首日，大连这名校长致辞只说了两句话》为题做了报道。

开学首日，大连这名校长致辞只说了两句话

“大家新学期好，欢迎回家；今天天气太冷，新学期致辞等大家回教室我再讲。”2022 年 3 月 1 日，在新学期开学典礼上，大连市第十七中学的校长杨旭华就讲了这两句话。孩子们度过了一个充满温度的升旗仪式。

杨校长说，早上上班的时候特意看了天气预报，零下 1 摄氏度。“感觉这个温度在室外举行开学典礼还可以。”等到学生开始集合之前，学校特意通过广播告知孩子把外套全部穿上，服装不要求统一。升旗仪式开始后，杨校长注意到有个学生冷得发抖，有细心的老师去取棉袄给孩子穿上。“这才是教育该有的样子。等到我致辞的环节，

我临时决定就说两句话。”

杨校长注意到，他说完这两句话，学生的队伍里发生“骚动”，“我知道，孩子们可能没想到我会做这个决定，我相信他们度过了一个十分温暖的开学典礼。”

杨校长说，学校有个目标：就是让孩子“心里燃起一团火，点亮梦想那盏灯”，希望孩子切实从小处着眼，身上有一股向上的力量。

回到教室后，学生们听到的校长的致辞也感到十分温暖——

“老师们、同学们，大家知道吗？你有什么样的样子，取决于你有什么样的底子、什么样的里子，文雅地讲就是你打下了什么样的精神底色。那么，我们十七中人的精神底色是什么样的呢？要我说呀，我们的精神底色应该是为中华民族伟大复兴而读书，这是我们的十七中精神，是社会主义核心价值观中的‘爱国、敬业、诚信、友善’这些个人层面上的要求，如果我们把这些精神品质都融入自己的血脉之中，我们一定能成为更好的人。

“新学期开始了，我只希望我们能从最平常的每一天开始，从每一个细节每一个点滴开始，时时刻刻用努力的姿态，成就我们美好的样子，我喜欢我们大家美好的样子。”

有家长留言：每一个不平常的瞬间，都是无数个平常日子里拼搏的结果，细节决定成败。良好的开始是成功的一半，学期伊始，孩子们收到了杨校长如此奋发向上、正能量满满的寄语，相信他们每个人都会有所思、所感，进而有所行。

另外，为给孩子加棉衣的暖心行为点赞，相信这个孩子是今天升旗仪式中最暖的一个。也希望孩子们能把温暖传出去，把爱传出去。

《半岛晨报·39度视频》

记者　辛敏娟

2022-03-02 07：03《半岛晨报》官方账号

【微课堂2】看微视频，线上浅体验。

在线德育微课堂采用时长不超过10分钟的微视频，微视频均选取不同角度的励志题材，确保10分钟视频，激发24小时热情，每日一更，日日新，确保情感激励的持续性，真正做到天天给力量，日日促成长。

每个微视频的前面都有推荐老师的荐语作为引言，以视频激发学生动情点，引发情感共鸣，用文字点题，强化正向引导——文字结合图像的教育模式更具有感染力。

三年来，学校推出了457个德育微视频，内容日日更新不重样，形成了系列化、课程化的资源库。德育微课堂的课程内容逐渐由碎片化的小主题向系列化转变，每周一个统一的主题，在大主题之下每天有小主题，如：周主题为传统美德，每日主题分别为诚实笃信、敬老孝亲、戒奢节俭、勤劳勇敢、自强不息……总之，学校充分利用信息时代丰富的网上资源优势，不断优化德育形式，让学校的德育教育更能走进孩子心灵深处，更能引发孩子思想共鸣，更好地进行学生的思想品德和心理健康教育和引导。

【微课堂3】拓展训练式微型班会课，一个游戏、一次分享、一份收获。

拓展训练式微型班会课仍然坚持控制时间，尽量在10分钟以内，选择一个分享点，强调体验，注重领悟。不再是一人或几人在台上表演，绝大多数人只能当观众，而是每个学生都是主人，每个学生都是参与者。不再是一言堂，而是让全体学生在拓展游戏中去体验，在游戏后去分享，激发出思想火花，在多元价值观、人生观的碰撞和交织中，为解决问题提供多角度的思考和解决方案。

例如：

团结互助 携手前行
——拓展训练式微型班会课

开场曲《奔跑》	
女	“团结互助 携手前行”拓展训练式微型班会课现在开始。
男	今天，让我们在游戏中体验，在游戏中成长。
下面有请A来主持今天的游戏。	
A	今天我们把全班分成两队，按学号分，1到15号为一队，16到30号为一队。现在开始组合。
好了，请每一小队选出你们的队长，每一小队起个队名，制定自己小队的口号。	
口号定好后，请两个小队竖排站好，我们这两个小队将团结互助，携手并肩地去完成今天的游戏，你们准备好了吗？请各小队大声喊出你们的口号。	
下面我们来进行游戏，这个游戏的名字叫作坐地起身。（背景音乐《我相信》）	
游戏规则	1. 每组先出来四名同学，背靠背坐在地上。 2. 双臂相互交叉，合力使双方一同站起，不允许用手撑地站起来。 3. 以此类推，每次每组增加一人，若失败，需要再来一次，直到成功。 4. 成功人数多且用时少的一组获胜。
好，现在我宣布××队获胜。	
A	两个小队分享感受。

续表

结束语	
男	八年二班，一个充满友爱的班集体，一个积极向上的班集体。
女	在这个班级里，我们团结互助，
男	在这个班级里，我们携手前行。
女	（背景音乐《相亲相爱一家人》）我爱我们的班级，这是我们学知识、长智慧、增才干的地方。
男	我爱我们的班级，这里有我们荣辱与共、亲如手足的同学。
合	我爱我们的班级，我们都是一家人。
女	让我们在这个充满着友爱、温暖的大家庭里团结互助，携手前行。
男	让我们手拉手一起来努力，一起拼搏，一起去迎接一个又一个成功与挑战。

【微课堂 4】微话题，紧密结合学情，着眼于职业、学业、事业，设计务实求小的班会微话题。

让“三业”互相关照，以职业理想、事业情怀促进学业发展。具体来说，即用职业理想来确定学业规划，用学业规划去追逐职业理想，用名人堂、大国工匠、国家功勋所传递的信仰，让孩子们树立把职业变成事业的远大情怀。

例如：我们的班会持续让孩子们围绕职业、学业和事业这“三业”讲真实的想法，每次班会时长尽量控制在 10 分钟以内。

学校会拿出一个月的时间，其间每周各班围绕着“职业理想”展开了不同的讨论内容。“凡事预则立，不预则废”（《中庸》），因此在交流职业认知的基础上帮助学生按照个人自身条件确定自己的职业理想时，重要的是帮助个人真正了解自己，明确“我是谁”“我能做什么”“我想做什么”。学校不断引导学生优化、提升职业理想，明确“我要成为一个什么样的人”“我想要我的职业达到什么样的层次”。以此为前提，进一步探讨职业和学业的关系，用自身的职业理想为自己定下学业目标，并做好学业规划，明确“学习需要学到何种程度才能实现职业理想”“我怎样做才能让学业目标变成学业现实”，再进一步引导学生分解、细化学业目标，形成环环相扣的学业规划并付诸实施。由此为学生今后的事业打下坚实基础，也让学生学会为自己的人生早做规划。这一系列主题班会有目的、有计划、有组织地开展，让学生们确立“早规划早打算才能立足社会”的职业生涯意识，明白“未雨绸缪”“磨刀不误砍柴工”的道理。

【微课堂 5】微游学，职业体验与成长。

针对学生整体分层跨度大、部分学生择业急的特点，学校精准选取职高、技校、工厂、部队、高校、科研院所等机构进行微游学活动，着眼于学生感兴趣的行业或专业，让学生深入体验并了解其特点，以进一步激发学生提升职业目标或提升目标职业的舒适度、幸福感，增强学业动力。

我们希望通过学校的德育微课堂系列课程，让大连市第十七中学的学生首先实现“抬起头挺起胸大声说话，埋下头静下心勇敢求知，握下手鞠下躬彬彬有礼，露出笑唱起歌自信阳光”的外部变化，这些是学校的初步目标，它的内核是，培养“朴实、肯干、乐观、好学”的“体育为基，德育为本，智育为标，劳动为务，美育为辅”

五育全面发展的新城区新市民新初中生。

五、建设班级三块园地，让每一面墙壁会说话

在每个班级墙面上，我们设立了三个板块，分别是："我们""我们的理想""我们的团队"。

"我们"部分是学生最想展现的生活照片，上面有个人的介绍。

"我们的理想"是学生的职业理想和学业规划。各个班级把小小的贴纸设计成各种形状，有的像一颗心，有的像一棵树，让理想在充满生机的教室里激励并见证着孩子们的成长，让理想的阳光在师生的努力下一点点照进现实，让现实凝聚成一个又一个促人向上的励志故事。

"我们的团队"是学习小组。在老师精心设计的规则和学生的自主选择下，同学们结成一个又一个学习小组，他们彼此之间形成互相砥砺、德行进步和学习提高的荣誉小组，把学习和成长的需求凝聚在一起，把被点燃的进取心聚成一团火，共同奋斗。

六、利用校外资源，引领师生做好人、做高人

学校开展"跟着郭明义学雷锋，跟着王官升做公益"系列活动，全校师生都是义工。学校成立了大连市高新区第一所学校义工站，建立了雷锋基金，几年来，学校除了资助自己学校的困难师生，还帮助了瓦房店、普兰店等地很多贫困学生。学校也成为"郭明义爱心团队"成员组织，持续开展公益活动。学校还开展"百行讲堂"系列活动，邀请"飞得最高"的诗人、河南商会会长、朋朋修脚董

事长、锁王等各行各业的精英到学校开展公益讲座，激励学生跟着行业精英学做精英。

七、多元评价，促进学生全面发展

学校充分利用激励原则，全面实施发展性评价，建立科学的学生评价体系。摈弃一味为了“甄别”的评价功能，注重评价内容、评价角度的多元化，强调全过程评价，倡导并建立发展性评价体系。为了保证评价的全面、客观、公正、合理，坚持评价的基本原则，做到领导考核、个人自评、教师互评、学生及家长信息反馈相结合，重实绩与讲实效相结合，定性评价与定量评价相结合。

军衔晋级德育评价体系采用《评星晋军衔评价方案》，激励每一位学生的成长。该方案包括班内晋级、加减分细则、周月评选、表彰办法。班级每周每月评选出做人星、学习星、文体星、进步星和学科星，班级累计达到10颗星，晋升为学校一级军衔，班级累计达到20颗星，晋升为学校二级军衔，以此类推，依次为列兵、上等兵；一级、二级、三级、四级、五级、六级士官；少尉、中尉、上尉；少校、中校、上校、大校；少将、中将、大将。

八、学习、德育积分换奖品，学习用品不用买

在新城区新市民学校，还有一定数量的来自低收入家庭的学生。学校建设学习、德育积分换奖品专柜，学生用积分换奖品，学习用品不用买。专柜里还有学校的一些文创产品，如：“一七，行”中考加油太阳帽，“最美”三八节大拇指徽章等，甚至还有辽宁男篮

集体签名的篮球。这个区域的积分换奖品，既奖励优秀的学生，也奖励进步大的学生，即使是和自己比较有一点点进步的学生，也能获得相应的物质奖励。

九、阅读毕阅读币，评选阅读十万、百万、千万富翁

学生在七年级入学礼上就被告知：身为十七中学生，你将有两个层面的毕业，一个是学业水平考试的毕业，一个是十七中人读十七中书的毕业，学校更看重十七中人读十七中书这个层面的毕业。学校通过阅读存折，开展按阅读量评选的十万、百万、千万富翁活动，即学生阅读完毕，到教师那里领取阅读铜、银、金币，根据获得阅读币的数量评比最终等级，获得大奖的学生，走红毯拍照片，学校隆重表扬、奖励，广泛宣传，让爱读书的人成为学校的明星。

十、照片上墙，让师生成为模范人物

立德树人是教育的根本任务。学校的校训是“先学做人，后做学问；浮舟沧海，立马昆仑”。从一楼到五楼，学校走廊墙面上是德智体美劳各个方面的模范人物，学校每年定期评选师生中的模范，同样让他们的照片上墙，让他们成为我们身边的模范，激励他们，也激励我们共同成长。

第二节　丈量成就苍穹，构建评价体系

一、引导青少年形成正确的价值观，构建一个全面、科学、合理的“三业”教育评价体系

随着社会的不断发展和中国特色社会主义市场经济体制的日益完善，人们的价值观念和思想观念经历着深刻的变革。特别是对于正处于成长关键期的青少年来说，如何引导他们形成正确的价值观，已成为一个亟待解决的问题。

当代青少年的价值取向呈现出包容性、多元化、功利性和现实性等特点。这些特点既反映了社会发展的必然趋势，也折射出青少年在成长过程中所面临的困惑和挑战。

例如，在包容性方面，青少年越来越注重个人与集体、奉献与回报之间的平衡。他们不再片面地追求个人利益或集体利益，而是努力寻求二者的和谐统一。这种价值取向的转变，既体现了青少年对社会现实的深刻认识，也彰显了他们成熟的价值判断能力。

在多元化方面，青少年的价值取向呈现出纷繁复杂的态势。他们不仅关注传统的价值观念，也积极吸收外来的文化元素。这种多元化的价值取向，为青少年的成长提供了更广阔的空间和更多的可能性。然而，它也带来了一定的挑战，如何引导青少年在多元的价

值观念中做出正确的选择，已成为一个亟待解决的问题。

功利性和现实性则是一部分当代青少年价值取向中不可忽视的两个方面。在功利性方面，一些青少年越来越注重物质利益和金钱地位。他们把“挣大钱”“当大官”作为人生幸福的标准，把奢侈、享乐作为人生追求的最大目标。这种功利性的价值取向，虽然在一定程度上激发了青少年的进取心和创造力，但也容易导致他们忽视精神层面的追求和道德修养的提升。

在现实性方面，一些青少年越来越关注自身的状态和现实的利益。他们认为远大的理想和目标过于遥远和空洞，而现实生活中实际存在的利益和需求才是他们最应该关注的。这种现实性的价值取向，虽然使青少年更加务实和理性，但也容易导致他们缺乏远大的理想和抱负，陷入短视和狭隘的境地。

影响青少年价值观的因素包括：

社会因素。社会的价值导向是青少年价值观形成的主要依据。集体主义价值观强调集体利益高于个人利益，同时也肯定个人利益，以期能够有效地结合个人利益和集体利益，进而促进社会的和谐发展。在市场经济体系下，必须坚持集体主义价值观，着眼于考虑青少年的实际情况，对青少年提出不同层次的要求，进而促进集体主义价值观的发展。同时，大众传媒也影响着青少年的价值观形成。当前社会的大众传媒形式更加多样，而且已经广泛地深入青少年的社会生活中，成为影响青少年价值观形成的重要因素。当前的大众传媒具有传播速度快、形象具体以及信息含量大等特点，对青少年价值观的培养有重要的影响。青少年正处于自我意识发展的时期，他们的可塑性强但是意志不坚定，所以青少年的价值观极容易被大众传媒所影响。

家庭因素。家庭是孩子接受教育的第一个场所，父母是孩子的第一任老师，所以家庭对孩子的教育影响也是非常重要的。人的性格、品质、气质和情操的培养都是从童年开始的，因此这些与父母的熏陶有着直接的关系。在当前的家庭教育中，很多家长只注重对孩子的智力培育，注重孩子的学习和分数，而忽视了孩子的性格培养和道德培养，使得家庭教育培养孩子全面健康成长的目标偏离。

学校因素。学校是青少年学习和成长的重要场所，青少年在学校不仅需要学习和掌握相应的知识和技术，还需要形成良好的道德品质和思想观念，进而实现全面发展。从当前学校的人才培育目标定位来看，目标的内容全面，符合学生的成长规律，对学生智育、德育等多方面都很重视，但是在学生的身心和谐发展方面还存在欠缺，进而造成学生的价值观淡薄，所以，当前学校还需要加强对学生价值观体系的构建。

面对当代青少年价值观的复杂性和多样性，我们需要加强对青少年的教育和引导，通过学校教育、家庭教育、社会教育等多种途径，帮助青少年树立正确的价值观，培养他们的道德情操和人文素养。同时，我们还应该为青少年提供更多的实践机会和展示平台，让他们在实践中锻炼成长，在展示中提升自我。

面对当代青少年价值观的变革和挑战，我们需要以更加开放、包容、理性的态度来引导他们成长。我们应该尊重青少年的个性和选择，理解他们的困惑和需求，支持他们的梦想和追求，帮助他们形成正确的价值观，成为有理想、有道德、有文化、有纪律的新时代青年。

我们还需要构建一个全面、科学、合理的评价体系。这个评价体系应该既注重青少年的现实表现，又关注他们的内在品质和道德修养；既注重青少年的个人发展，又关注他们的社会责任感和集体荣誉感；既注重青少年的物质追求，又关注他们的精神需求和心理健康。

二、在构建全面、科学、合理的评价体系时，需要考虑四点

（一）注重过程与结果的双重评价

对青少年进行评价，我们不能仅仅关注他们的成绩和结果，更应重视他们在学习、生活中的过程和态度。一个学生在学习上可能并不出色，但他在团队合作、社会实践等方面展现出的积极态度和优秀能力同样值得肯定。因此，评价体系应包含对青少年在学习、社交、实践等各个方面的全面考量。

（二）强调自我评价与同伴评价的重要性

青少年正处于自我认知形成的关键时期，他们的自我评价对于自我价值的建立至关重要。同时，同伴评价也是青少年社会交往中的重要组成部分。通过自我评价和同伴评价，青少年可以更好地认识自己，发现自己的优点和不足，从而调整自己的行为和价值观。

（三）引入社会评价，增强评价的现实性和针对性

社会是青少年成长的最终归宿，社会对青少年的评价直接影响着他们的价值观和行为选择。因此，在构建评价体系时，我们应引

入社会评价，让青少年了解社会对他们的期望和要求，从而增强他们的社会责任感和使命感。

（四）建立动态评价机制，适应青少年成长的变化性

青少年的成长是一个不断变化的过程，他们的价值观和行为选择也会随着时间和环境的变化而发生变化。因此，我们应建立动态评价机制，定期对青少年的价值观和行为表现进行评价，及时发现他们的问题和不足，提供有针对性的指导和帮助。

综上所述，构建全面评价体系是引导青少年形成正确价值观的重要途径。我们应注重过程与结果的双重评价，强调自我评价与同伴评价的重要性，引入社会评价，增强评价的现实性和针对性，建立动态评价机制，适应青少年成长的变化性。同时，我们还需加强对青少年的教育和引导，帮助他们树立正确的价值观，努力成长为堪当强国建设、民族复兴大任的栋梁之材。

三、“三业”教育学生发展评价体系的构建与实施

社会和经济的双重转型，使得社会各个行业的发展形势以及社会的发展趋势都发生了巨大的变化，这也使得青少年的价值观体系呈现出多样化的特点。因为青少年的价值观受社会、家庭以及学校多方面的影响，所以还需要从“三业”教育入手，促进青少年身心的健康发展。

“三业”教育下，大连市第十七中学的师生应该具有这样的特点：教师，是心中有爱，眼中有光，脸上有笑，手中有法的；学生，是抬起头挺起胸大声说话，埋下头静下心勇敢求知，握下手鞠下躬

彬彬有礼，露出笑唱起歌自信阳光的——但是，这些也只是学生们的外部特征，他们的内核是“朴实、肯干、乐观、好学”的，是“体育为基、德育为本、智育为标、劳动为务、美育为辅”五育并举全面发展的新城区新市民新初中生。学校要在三五年内通过“三业”教育实现这样的目标，“三业”教育学生发展评价体系就是整个“三业”教育过程中的必要且重要的一环。

（一）“三业”教育学生发展评价体系的构建

1. 建立“三业”教育学生发展评价体系的原则。

“三业”教育学生发展评价体系的构建原则，是坚持以学生全面发展为目标，特别是以职业理想、学业规划和事业情怀的全面发展为目标，由“他育”逐步转化为“自育”，通过学生的自我教育实现其内化式发展。学校以德育部门、教学部门牵头，以班主任主导，注重目标导向，发挥激励作用，强化学生的规划意识和规则意识，培养学生坚韧不拔、持之以恒向目标努力的良好行为习惯，让学生在学习、工作和生活中始终胸怀一颗红心，让学生的生命姿态永远是向阳花开。

2. 坚持以全面发展为目标，克服“唯分数论”的原则。

受功利主义价值观的影响，相当一部分家庭在教育子女方面，重智轻德，重知轻能，“唯分数论”也一度在教育系统内盛行。

“三业”教育对学生眼前的分数负责，更对学生的未来前途负责。下大力气让学生具有明确的职业理想，确立具体的学业规划，拥有崇高的事业情怀，并通过《“三业”教育手册》，对其职业理想可行性、学业规划达成度和事业情怀活动参与度三者加强过程管理和过程评价。

3. 坚持以学生为主体，注重自我教育内化的原则。

义务教育阶段，有三个主体在教育过程中发挥着作用，即以教师为核心的学校教育主体、以家长为核心的家庭教育主体和以学生为核心的自我教育主体，只有三体合一才能发挥最佳效能。但在实际情况中，学生往往是在“夹缝”中求生存，背负着来自教师和家长的“两座大山”，他们的反抗方式是“不去学”“不去做”，自然最终的结果是“不会学”“不会做”，从而进入恶性循环。

外因的作用无论有多大，也必须通过内因才能起作用。学生自己是教育成长的内因，以学生自我教育为中心正是教育的核心要义的体现。只有当学生自觉地产生学习成长的主动愿望，将自己的职业理想作为奋斗源泉，甚至将其上升为自愿终其一生努力奋斗的事业追求，他才会获得无穷的学习动力。而他最终收获的也绝对不只是眼前的成绩、初中阶段中考的成绩，更是其未来十年、二十年、三十年事有所成的职业、心有所乐的事业，是其45岁之后的大成就、大快乐。对于社会而言，不仅使文化学习能力原本相对较弱的学生具有了高超的职业技能和崇高的事业情怀，还促进了社会的和谐稳定发展，将敬业、乐业真正落到了实处。

4. 坚持德育部门、教学部门牵引，班主任主导的目标导向激励原则。

德育部门、教学部门和班主任要在教育过程中充分发挥“三主体”作用。有目的、有计划地设计学生评价体系和其他方面的教育活动，要在协调其他科任教师、指导班级学生、配合学生家长等方面发挥教育主导作用。

影响学生核心素养、人格品质和学习品质的关键因素是内在的动机，而动机的激发及其强度则依靠目标的设定，通过目标导向唤起需要不被满足时紧张的心理状态，唤醒学生面向未来的职业生涯规划意识，帮助学生确立面向未来的职业、事业发展目标和近期学习目标，并将实现目标的方式体现在学生发展评价体系中，对学生起到方向性、过程性、即时性的激励作用。

（二）“三业”教育学生发展评价体系实施的条件

1. 认同“三业”教育理念和过程性评价是实施“三业”教育学生发展评价体系的思想条件。

将家长纳入全员育人机制，实现“家校合一”“三全育人”，是实施“三业”教育学生发展评价体系的重要条件。教育工作者要以教育家精神充分发挥教育过程的主导作用，做好科任教师、家长和学生的沟通润滑工作，做“三业”教育的宣讲者和践行者。三方要达成两点共识：一是认同“三业”教育提出的“以职业理想带动学业规划，以学业规划促进职业理想，用事业情怀为职业理想、学业规划赋能”的理念，让学生在中考分流中主动把握人生的航向，而不是被动地随波逐流。二是认同过程性评价，让学生的成长体现为天天有力量，日日在成长，因此用完美的过程追求完美的结果。

2. 具备规则意识是实施“三业”教育学生发展评价体系的组织条件。

学生和家长动力不足是新城区新市民学校面临的主要问题，表现为一周在学校 5 天、在家里 2 天，教育的效果为“5+2<0”；若家

长是 1、学生是 1，结果则表现为“1+1<0”。双方不能互相搭台，反而彼此拆台、彼此泄气，在这种情况下，不但需要完善制度，明确规则，还需要家长必须配合制度和规则。

以“做最好的家长”为核心，精心打造四堂课送给家长，将家长吸纳到“三业”教育的学生发展评价体系中来。通过线下读书沙龙和线上阅读打卡的方式，督促家长协同配合。

通过“值日班长”“今天我当家”“我的菜园我做主”等多种制度，发挥学生自我教育主体作用，实现学生自我管理。

（三）确立军衔卡是实施“三业”教育学生发展评价体系的操作条件

实施“评星晋军衔评价”的目的是使学生对习惯养成和品质形成产生兴趣，通过引进激励机制，让学生在不断得分、升级中体验到一种成就感，同时激励不同层次的学生都得到提高。

实施“评星晋军衔评价”，定期隆重颁发军衔卡，夯实了以学生为主体、以教师为主导的理念；完善了适应学生成长的教学内容、方法和手段；强化了以提高质量为核心的教育发展观，进而丰富了教育的内涵；培养了职业理想坚定、学习目标明确、事业追求崇高的全面发展的学子。

第三节　明灯照亮征程，释放评价潜能

“三业”教育学生发展评价体系，包括职业理想建立、学业规划达成、事业情怀确立三个维度，共九项内容，在项目设计上重视三者之间的互相激发作用，发挥齿轮啮合功能，“家校社”密切协同，促进学生主动成长。

一、“职业理想建立”评价项目具有培养学生、紧盯目标的作用

根据学生的年龄特点和家庭实际情况，利用寒暑假期，引导学生从父母的职业开始，对能够接触到的身边的职业进行深度体验；通过德育微视频和“百行讲堂”的嘉宾讲座，逐步拓宽学生的职业认知视野，在初步体验和了解的基础上选定自己的理想职业，确定自己的职业理想。学校会定期组织学生体验、了解职业，对自己选择的理想职业进行分享、交流，并及时对学生的职业理想进行评价。具体评价项目如下：

【评价项目】

1.1 七年级学生建立的 45 岁时的职业远景目标

评价项目	1.1 七年级学生建立的 45 岁时的职业远景目标
七年级上学期	
七年级下学期	

评价标准：目标清晰具体得三颗星，有目标但不清晰、不具体得两颗星，无目标不得星。此目标设置由学生、教师和家长共同完成，每学期可以修改重新设置，每学期评价一次。

1.2 八年级学生建立的现实（近期）职业理想

评价项目	1.2 八年级学生建立的现实（近期）职业理想
八年级上学期	
八年级下学期	

评价标准：目标清晰具体得三颗星，有目标但不清晰、不具体得两颗星，无目标不得星。此目标设置由学生和家长共同完成，每学期可以修改重新设置，每学期评价一次。

1.3 九年级学生将要报考的学校和专业

评价项目	1.3 九年级学生将要报考的学校和专业
九年级上学期	
九年级下学期	

评价标准：目标清晰具体得三颗星，有目标但不清晰、不具体得两颗星，无目标不得星。此目标设置由学生、教师和家长共同完成，每学期可以修改重新设置，每学期评价一次。

二、“学业规划达成”评价项目具有引导学生提高成绩的作用

目标管理有利于提高学生自我管理和学校管理的水平，有利于调动学生的学习积极性、责任心，有利于长期目标的实现。“三业”教育“学业规划达成”评价项目关注学生的学习潜能，尊重学生之间的学习差异，客观评价学生的学习素质。将远大职业理想的实现

落实在学生每一学年、每一学期、每一天的学习生活中，将大目标分解为切实可行的学习成绩小目标，将远目标拉近为肉眼可见的学习成绩近目标，通过以学业规划为导向的职业逐梦之旅解决如何学的问题。具体评价项目如下：

【评价项目】

2.1 学习目标确立准确度

评价标准：学习目标清晰具体得三颗星，有目标但不清晰、不具体得两颗星，无目标不得星。此目标设置由学生、教师和家长共同完成，每学期可以修改重新设置，每学期评价一次。

2.2 自身学习成绩达成度

评价标准：学习目标成绩全部达成得三颗星，部分达成得两颗星，无达成不得星。此目标设置由学生和家长共同完成，每学期可以修改重新设置，每学期评价一次。

2.3 小组学习参与度

评价标准：积极参与小组学习得三颗星，比较积极参与得两颗星，不参与不得星。此目标设置由学生和教师共同完成，每学期可以修改重新设置，每学期评价一次。

以七年级为例，其项目评价表如下所示：

评价项目	2.1 学习目标确立准确度
七年级上学期	
七年级下学期	
评价项目	**2.2 自身学习成绩达成度**
七年级上学期	
七年级下学期	
评价项目	**2.3 小组学习参与度**
七年级上学期	
七年级下学期	

三、“事业情怀确立”评价项目具有坚定学生理想信念的作用

事业情怀教育引导学生在坚定理想信念、厚植爱国主义情怀上下功夫，确立成为可堪大任的社会主义事业的建设者和接班人的远大志向，立志肩负起民族复兴的时代重任，将个人的事业发展目标与实现中华民族伟大复兴的中国梦紧密联系起来。崇高的事业情怀能够从源头上解决学生当下为什么学习和未来如何工作的问题，爱国、敬业是事业情怀的内驱力，事业情怀是爱国、敬业的外在表现。具体评价项目如下：

【评价项目】

3.1 德育微视频参与度

评价标准：积极参与得三颗星，比较积极参与得两颗星，不参与不得星。此目标设置由学生和教师共同完成，每学期可以修改重新设置，每学期评价一次。

3.2 “百行讲堂”参与度

评价标准：积极参与得三颗星，比较积极参与得两颗星，不参与不得星。此目标设置由学生和教师共同完成，每学期可以修改重新设置，每学期评价一次。

3.3 自身的责任担当表现

评价标准：优秀的责任担当表现得三颗星，良好的责任担当表现得两颗星，无责任不担当不得星。此目标设置由学生、教师和家长共同完成，每学期可以修改重新设置，每学期评价一次。

以七年级为例，其评价项目表如下所示：

评价项目	3.1 德育微视频参与度
七年级上学期	
七年级下学期	
评价项目	**3.2 “百行讲堂”参与度**
七年级上学期	
七年级下学期	
评价项目	**3.3 自身的责任担当表现**
七年级上学期	
七年级下学期	

“三业”教育学生发展评价体系的实践，不仅是“三业”教育育人效能最大化的有力保障，更是缓解因当前中考“五五分流”所

引发的社会焦虑的切实举措。面对后“人口红利”时代产业工人数量与质量的双重挑战，该体系显得尤为重要。它立足于立德树人的根本任务，深度融合了学生发展核心素养的理念，并通过完善学生综合素质评价，实现了“三全育人”的创新路径。这一实践不仅有效推动了全面发展素质教育的实施落地，更为我们提供了一个生动的范例：如何在新时代背景下，通过教育评价体系的改革与创新，培养出既具备扎实知识技能，又拥有良好综合素质和创新能力的新一代青少年。这不仅是对传统教育评价模式的一次深刻变革，更是对未来教育发展趋势的积极回应和前瞻性布局。通过“三业”教育学生发展评价体系的持续实践与完善，我们有信心在培养适应未来社会需求的优秀人才方面取得更加显著的成效。

第三章

踏雪寻梦，“三业”课程展风采

望望头上天外天，走走脚下一马平川

——最动听的话

早晨在校门口迎候师生，正遇到一位家长给孩子送练习册。我跟着捎练习册的学生往教学楼里走，迎面正好遇到了到门口取练习册的孩子。我想，这一送一取足见孩子和家长对学习的重视，于是我问孩子："学习累不累呀？"孩子一点都没犹豫，她说："学习使我快乐！"天啊，我来学校一年多了，这是我听到的最动听的话。

我兴冲冲地到教室里问："孩子们，刚才有个同学告诉我学习使她快乐，我想知道的是，学习使你快乐吗？"哎呀，举手的人不少啊，我问没举手的孩子："学习让你不快乐，是吗？"他说："是的，我学不会的时候不快乐。"其他没举手的同学纷纷点头。我笑了："不会的时候不快乐证明了你们把学习当回事了，我会让老师们努力教会你们，让你们都快乐起来！"一大清早，教室里洋溢着快乐的氛围。

中午巡视午读。一位年轻班主任慌慌张张地跑过来："校长，校长，我们班有个学生噎着了！"我瞬间紧张起来，"赶快用海姆立克急救法啊！"匆忙跑到教室里，只见噎着的是一个女孩，她捂着胸口走过来，但是气色正常，说话正常，我有些奇怪，这不像是噎着了呀？

经简单了解，这是一个回族孩子，家长每天给其带饭，今天吃的是土豆鸡腿，好像是没吃顺，目前呼吸、吞咽都正常，就是胸口有点疼。于是，我一面安排班主任、校医、总务主任将孩子送医，一面联系家长，不多久，校医和班主任给我打电话表示：家长的意见是不用去医院，回学校正常上课，可是孩子现在哭着。我说：“必须送医院。急诊费用我出。”班主任在电话里一点都没犹豫地说：“校长，急诊费用我出。”我说：“我们都别争了，这个费用学校先出，别耽误孩子。”这是一个刚参加工作一年多的年轻班主任，她就像孩子们的大姐姐，一个爱孩子有担当的大姐姐，她的回答，是我听到的最动听的话。

这几天，我从开学初的繁忙开始回归到学校的常规检查中。说真的，越检查我越满意，对学校的未来越有信心。班主任早早进班，孩子们主动自学，科任老师科学晨检，英语、语文老师非常投入地组织晨读，中层干部认真值班，校级干部准时站岗——到哪里找激情燃烧的早晨？——到十七中学啊！中午，和副校长一起三个楼层巡检一遍后我由衷地对副校长说：“真好，我对咱们学校的精神面貌非常满意，给大家点赞！”副校长一点都没犹豫，她说：“校长，我们的进步目前还属于表层的，我们还需要再坚持。”我知道这是副校长的谦虚，更知道这是一个教育工作者精益求精、务实态度的体现，这个回答，同样是我听到的最动听的话。

是啊，这一段时间以来，我听到的最动听的话实在是太多了：“已收到，校长，立行立改。请放心。”“哦了，马上就做。”“校长您也得注意休息了，嗓子发炎了吃点黄氏响声丸试试，少说话多喝蒲公英水或者金银花泡水。”“这么晚，又打扰校长，不好意思了，但是该说的话我都说了，见谅啊。”……就算是给学校的管理提意见也多了很多理解。

我认为，所有的感同身受都不是真正的感同身受，所有的共情其实都是对自己的情感观照。共情的强度取决于爱的程度，就像我感受到的言语的动听，正源自我对单位、对同事的爱的程度，以及同事对我的爱的程度。

因为有了“爱度”，所以有了 I DO，借用歌词翻译一下就是“因为爱，所以爱”。

第一节　晨会启航，望天外天思飞扬

大连市第十七中学“天天给力量，日日促成长”的德育课程从学生入校的每个早晨开始，保证学生们初中三年每一天都是正能量满满的“艳阳天”。

学生每天早上都观看德育励志微视频，微视频均为不同角度的励志题材，自“双减”政策和“五项管理”规定出台后，学校将每天早晨7点55分至8点的时间作为德育微课堂专用时间，定时开展观看德育励志微视频活动，以此来激发学生24小时的热情。德育励志微视频每日一更，日日为新，确保情感激励的持续性，天天接力给学生补充心灵养分，不间断地输入正能量，真正做到天天给力量，日日促成长。

“三业”教育德育励志微视频晨会是经过学校认真设计的。每天的德育励志微视频都是由政教处精挑、精剪、精炼的内容。其片段来自各大官方媒体的社交平台账号，经过素材整合与剪辑之后，每段微视频的时长被控制在5分钟内，再于每周五发布于校内的“爱数网盘”平台，供各班级下载观看。德育励志微视频标题以荐语为引，用视频激发学生动情点，引发情感共鸣，强化正向引导，这样的文字加图像的教育模式，更加具有感染力。

三年来，学校共推出德育励志微视频457个，日日更新不重样，已形成系列化、课程化的资源库。德育励志微视频的素材由学校德育部门统一提供，负责此项工作的教师按照德、智、体、美、劳分类，从网上寻找素材，如感动中国人物短片、院士访谈、奥运会运动员访谈、艺术大师纪录片、大国工匠短片等。其内容可归纳为革命先烈、航天英雄、时代楷模、奥运冠军、中国好人、艺术欣赏这六大主题，涉及语文、历史、道德与法治、地理、理化、美术、音乐等多个学科，兼有九一八纪念日、七七抗战纪念日、烈士纪念日、抗美援朝纪念日、妇女节、教师节等重大纪念日、节日相关视频。视频内容与国家大事、社会热点或学生们在生活中感兴趣的话题息息相关，以此进行爱国主义、集体主义、社会主义教育，提升学生们的家国情怀。

德育励志微视频六大主题建设内容如下：

	革命先烈	航天英雄	时代楷模	奥运冠军	中国好人	艺术欣赏	小计
2020–2021 年下学期	22	2	15	2	15	20	76
2021–2022 年上学期	15	14	15	14	15	15	88
2021–2022 年下学期	12	12	12	12	12	12	72
2022–2023 年上学期	12	11	12	11	11	11	68
2022–2023 年下学期	13	12	13	12	13	12	75
2023–2024 年上学期	13	13	13	13	13	13	78

德育微课堂开课以来，每天早晨7点55分是全校学生统一收看微课堂的时间。每天早晨，由各个班级的负责同学播放视频；观看视频的过程中，学生们在“德育微视频记录本”上对观看的内容做简单记录；之后班主任会根据视频内容，结合教师自身感受和班级实际情况引领学生做简短交流；校长也经常性地在这个时段深入班级与学生分享自己的感受，充分利用这一契机做好励志教育，让学生从早晨开始浑身上下就充满着一股向上的力量。同学们也会将师生交流的感受及时记录在“德育微视频记录本”上，方便持续激励自己，同时也形成了十七中学学生独特而丰富的写作素材库，这项活动一经开展，就使德育微课堂真正成为学生每日的一粒乐观自信的精神钙片、一针拼搏向上的兴奋剂。

千万不要轻视这每天早晨短短的5分钟，这5分钟德育励志微视频经过内容上的精心设计，能够在德智体美劳等多方面为孩子们引领方向，特别是在职业理想教育、学业规划教育、事业情怀教育方面发挥着显性和隐性的双重作用，动人的事迹通过“声、光、电”形象地传达，更能够唤醒学生的学习目标，激发学生的学习热情。一日之计在于晨，通过这样的精神洗礼，保证学生们每一个早晨都是一个情绪饱满的早晨，是一个向阳生长的早晨，每个人都有着一个“我要努力”的开端。

每天5分钟汇集到一起，以一个学年300天计算，就是1 500分钟，以每节课40分钟计算，1 500分钟就相当于38节课，这些课汇集成的就是催人奋进的德育课程。

德育微视频课程能够拓宽学生的职业视野，能够激发学生以学业规划追逐职业理想的热情，能够将职业理想上升为事业情怀，能够为“三业”教育的积极效果助力。

学校充分利用信息时代丰富的网上资源优势，不断优化德育形式，让我们的德育课程更能走进孩子的心灵深处，更能引发孩子的思想共鸣，形象、直观、可持续、近距离地对学生进行思想品德教育和心理健康引导，让孩子们“心中燃起一团火，点亮梦想那盏灯”。

第二节　班会共话，奋楫扬帆同筑梦

“三业”教育班会的主题包括职业理想、学业规划、事业情怀三个方面。每个学期，三个年级都要召开“三业”教育主题班会。职业理想主题班会、学业规划主题班会在每个学期初完成，事业情怀主题班会通过每个学期的系列活动完成，贯穿每个学期始终。

一、职业理想主题班会

首先，在以“职业理想”为主题的班会召开之前，职业理想班会筹备组要做好班会前期的准备工作，需要经过对职业的体验、了解、选择、评估四个阶段的铺垫。

1. 职业体验。德育部门每个学期布置的寒暑假作业都包含这样一项内容，学生通过跟爸爸妈妈上一天班来体验自己父母的职业。我们发现，作为外来务工子女占比较高的学校，学生家长的职业绝大多数为服务业。因此，可供学生参考的职业范围有限，学生体验的职业类型普遍比较单一，通常集中在餐饮、司机、小商贩等服务行业。我们要求学生在体验过家长的职业之后，回答以下几个问题：你喜欢父母的职业吗？你想从事父母的职业吗？你能够提升父母当前职业的舒适度和幸福感吗？

2. 职业了解。为了让学生对职业的种类有更加广泛的了解，学校通过走廊文化，用图片和文字介绍大力宣传新三百六十行，特别是通过“德育励志微视频”“百行讲堂”“职业简介课”，让更多的朝阳行业直观地展现在学生面前，如酒店体验师、微商、汽车陪练、精算师、网络猎头、网络家政、时尚买手、微信运营师、营养师、宠物摄影师、旅游体验师、职业观众、淘宝模特、网络作家、宠物美容师、网络推手、网络秘书、网络拍卖师、网络代购、美体师、网络心理师等新兴职业，给学生更广阔的职业选择空间，也让学生坚信“三百六十行，行行出状元”，成就他们美好的未来。

3. 职业选择。学生根据现阶段自己的职业体验和对职业的了解，对自己的未来职业做出选择。因为初中生年纪尚小，视野尚窄，对他们而言，未来有无限种可能，另外，他们的学习成绩也在动态变化，所以在初中三年每个学期他们的职业理想都可能发生改变。我们尊重学生的选择，也尊重他们的变化，我们只希望他们的选择是经过自己慎重考虑的，是对现阶段的自己和未来的自己负责任的。

4. 职业评估。学生、教师和家长根据学生的学习成绩、性格特点、兴趣爱好和自身特长等综合因素，对学生选择的未来职业做出适当评估，并给出评价与建议。通过教师、家长与学生之间的交流，教师、家长了解了学生的未来职业规划，学生对自己所选择的未来职业也有了更清晰的认识。学生在初中阶段对于自己的未来职业会有渐进式的、更确切的选择，教师和家长应给予支持与帮助。

经过以上四个阶段的铺垫后，每个班级才具备了在开学初召开职业理想班会的条件。每个学生要对“是否喜欢父母的职业”“是否想从事父母的职业”“是否能够提升父母当前职业的舒适度和幸福感”“我的职业选择及理由”做出回答，学生、家长和教师要认真听取每一个孩子的回答，对他的职业理想进行评估，并给予客观理性的评价，但无论如何都应该尊重学生的职业选择（违反法律和社会道德的职业除外）。

二、学业规划主题班会

学业规划主题班会也安排在学期初，不过要安排在职业理想主题班会之后。在学业规划主题班会召开前，学生需要做两个方面的准备，分别是了解自己选定的职业对学业目标的要求和据此制定出的自己的学习规划。

第一阶段，研究自己选定的职业对学业目标的要求。国家对该职业的从业资格要求是什么，包括学历要求和职业技术要求等，由此逆向反推，该职业对大学、高中、职高技校等证书是否有明确的规定，最终落点为该职业对初中学业的要求。将以上所有的要求转化为当下自己学习成绩的具体目标。

第二阶段，结合职业理想、学业目标的要求来制定自己的学习规划。即将自己的学业目标按照初中三年做六个学期的分解，对六个学期涉及的学科学习成绩进行再分解，逐个明确并督促自己完成阶段性目标。

第三阶段，每个班级在已经召开的职业理想班会基础上召开以“我的学业规划”为主题的班会。会上，每个学生要向老师和同学展示达成自己职业理想的“学习成绩路线图”。师生对其学业规划进行分析，并结合其当下成绩，给予中肯的意见和建议。每次考试之后，教学部门结合学生已经取得的学习成绩和制定的学习目标，对目标生的考试成绩进行跟踪评估，并由学科教师针对其学习问题进行辅导，帮助学生达成学习目标，切实通过学业规划逐步接近自己的职业理想。

特别需要强调的是，在“三业”教育班会上，学生每个学期都可以调整自己的职业理想和学业规划，这二者其实是一种联动的互为变量的关系。

三、事业情怀主题班会

事业情怀主题班会由德育部门策划并组织完成。通常通过每天早晨5分钟的“德育励志微视频”和“百行讲堂”来开展，借此将职业理想升华为事业情怀，并且用事业情怀来牵动职业理想和学业规划，如此一来，学生“三业”奋斗的动力将更加强劲。

“德育励志微视频”活动分为三个阶段进行。

第一阶段，在每天早晨7点55分，观看班级播放的“德育励志微视频”；

第二阶段，记录自己的感受；

第三阶段，与老师和同学分享自己的感受。

“百行讲堂”活动分为三个阶段进行。

第一阶段，通过网络等手段了解将要邀请的嘉宾；

第二阶段，与嘉宾面对面，现场了解嘉宾的专业，并在讲座中汲取嘉宾建功立业的力量；

第三阶段，在《“三业”教育规划本》上撰写自己的感受。

以上内容，均由《“三业”教育规划本》牵线完成。

第三节　规划未来，蓝图绘就心向往

为了将“三业”教育目标高度达成，学校在“三业”教育开展过程中，初步实现了课程资源丰富化，课程内容充实化，课程落实系统化和课程效果可视化。

为了将“四化”课程资源整合起来，学校研发了《“三业”教育规划本》。《“三业”教育规划本》就是督促“三业”教育主题班会落地的有力抓手，其内容有如下设计：

七年级、八年级、九年级每个学段均包括“我的职业理想”“我的学业规划”和“我的事业情怀”项目。

我的职业理想。在每个学段的职业理想项目中都包括“第一理想”“第二理想”和“第三理想”。

我的学业规划。三个学段均设置了通过“职业理想”设定“我的学习目标”项目，学习目标项目包括中考的目标学校和目标分数，以及每个阶段的期中和期末考试目标分数和达成情况。

我的事业情怀。最后一栏为“我的事业追求”项目，主要用来记述“德育励志微视频”“百行讲堂”的内容。

每个项目下都留有空格，方便学生记录。

结合“三业”教育的具体内容，《“三业”教育规划本》将其按三个学年六个学期进行了分解，在七年级开学伊始，就将精美的

《“三业”教育规划本》印发给每一位学生，在各项教育活动开展的过程中，学生须按照要求将自己的职业理想、学业规划和事业情怀记录在册，也须把《“三业”教育规划本》作为督促自己逐步达标、进行目标管理的有效手段。学校定期检查《“三业”教育规划本》，它也成了实现学生自管和教师他管的有效载体。

《“三业”教育规划本》内容示例：

我的职业理想（七年级）

第一理想
第二理想
第三理想

我的学业规划（七年级）

中考目标学校
中考目标分数
七年级上学期期中目标分数
七年级上学期期中达成情况
七年级上学期期末目标分数
七年级上学期期末达成情况
七年级下学期期中目标分数
七年级下学期期中达成情况
七年级下学期期末目标分数
七年级下学期期末达成情况

我的事业情怀（七年级）

我的职业理想（八年级）

第一理想
第二理想
第三理想

我的学业规划（八年级）

中考目标学校
中考目标分数
八年级上学期期中目标分数
八年级上学期期中达成情况
八年级上学期期末目标分数
八年级上学期期末达成情况
八年级下学期期中目标分数
八年级下学期期中达成情况
八年级下学期期末目标分数
八年级下学期期末达成情况

我的事业情怀（八年级）

我的职业理想（九年级）

第一理想

第二理想

第三理想

我的学业规划（九年级）

中考目标学校
中考目标分数
九年级上学期期中目标分数
九年级上学期期中达成情况
九年级上学期期末目标分数
九年级上学期期末达成情况
九年级下学期期中目标分数
九年级下学期期中达成情况
中考模拟考试目标分数
中考模拟考试达成情况

我的事业情怀（九年级）

第四节 体验实践，行知合一韵悠长

学校在每个假期都会给学生布置一项职业体验类作业，作业内容是通过跟爸爸、妈妈上一天班来体验父母的职业。体验过后需要回答以下问题：你喜欢父母的职业吗？你想从事父母的职业吗？你能够提升父母当前职业的舒适度和幸福感吗？

学校在此基础上对学生的职业理想状况进行摸底调查。例如，我们在 2020 年对学生进行了第一次职业理想调查，结果如下：

参与调查的学生有 867 人，其中男生 450 人，女生 417 人。七年级全年级有 303 人，八年级全年级有 257 人，九年级全年级有 307 人。

学生选择的职业相对集中在军人和警察上，占比达 57%。

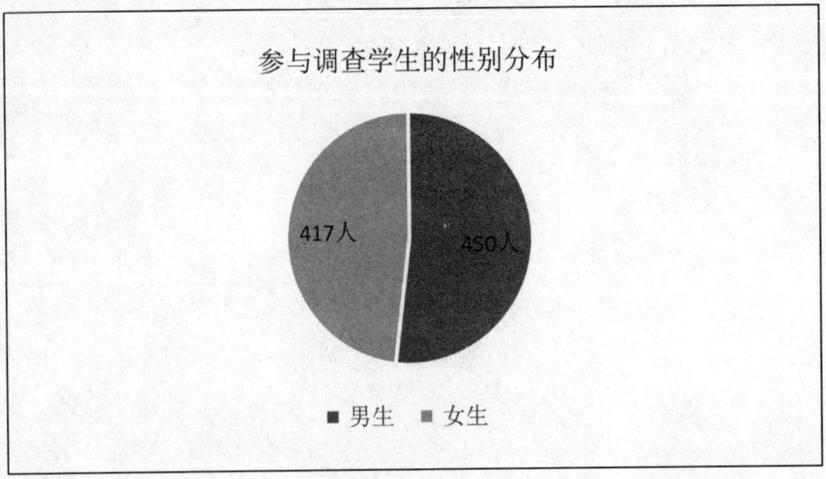

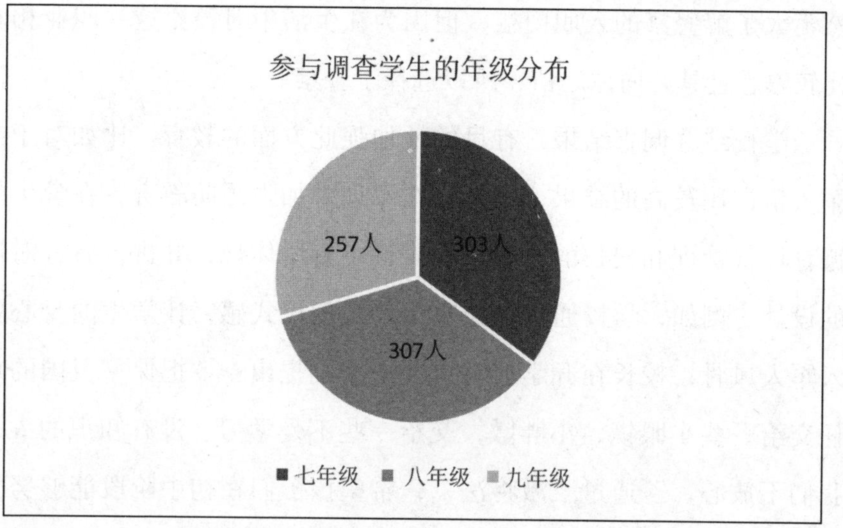

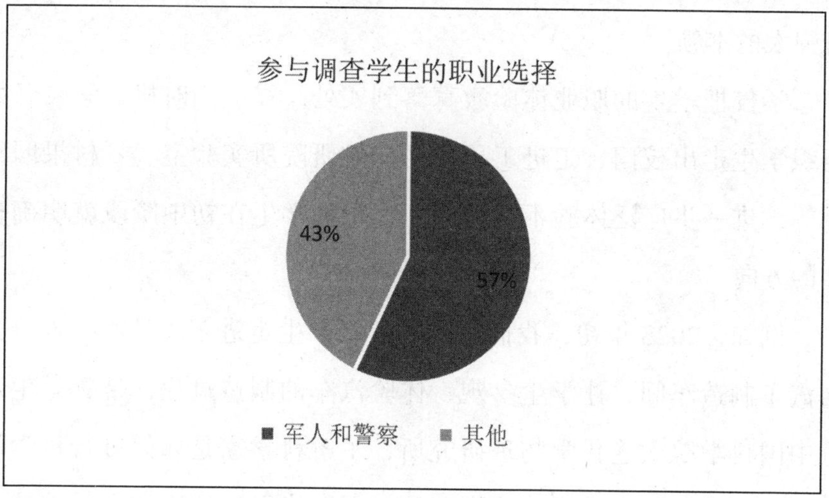

对于此项结果，我们分析得出，绝大多数学生不想从事父母的职业，但是因为自己的职业视野比较狭窄，学习成绩相对较差，也缺少通过努力奋斗实现自己理想的决心，所以更多人选择了门槛相对较低、令人羡慕的参军入伍，成为一名军人。也有一部分同学虽

然不太了解警察的入职门槛，但因为在生活中对警察这一职业相对比较熟悉且具有向往之情，所以选择了警察。

学校结合调查结果，有目的地加强此方面的教育。比如对于参军入伍占比较高的结果，学校会在军训中加强国防教育，在学生的德育评价管理和校长的开学典礼讲话中有所体现，并进行有针对性的设计。例如，学校通过加强军衔晋级的仪式感，让学生的身心融入军人风骨，校长在开学典礼讲话中特别提出：“把保家卫国的重任交给一些小眼镜、小胖墩，交给一些不爱学习、没有知识的人，我们不放心。”通过“激将法”，希望孩子们在初中阶段能够努力锻炼身体，让自己有一个强壮的体魄，努力学习文化，让自己有一身强大的本领。

学校把学生的职业体验教育落到实处。在适当时机，学校开始组织学生走出校门，走进工厂车间、科研院所实验室、乡村果园菜园等，进一步广泛体验不同的职业，帮助学生在初中阶段就明确奋斗的方向。

例如，2023 年初，我们带领八年级学生走进东风日产大连分公司汽车制造车间，让学生参观、体验汽车的制造过程；带领学生走进中国科学院大连化学物理研究所，了解科学家是如何进行科学研究的；还带领学生走进大连塔河湾，了解渔民的捕捞和水产养殖等工作内容。

在开展更加广泛的职业体验活动之后，我们在 2023 年 11 月对八年级学生的未来职业选择又进行了一次调查，调查结果如下：

学生共 260 人，其中男生 135 人，女生 125 人。

选择继续读书深造，读高中考大学，做老师、律师、公务员等的学生比例明显上升，占比达 65%。

选择从事新行业的学生比例上升比较快，大约占比 15%。

另有 20% 的学生，拟读职高技校，尽快就业，但是他们在职高技校的专业选择上越来越明确，能够填写出口腔义齿、汽车维修等专业。

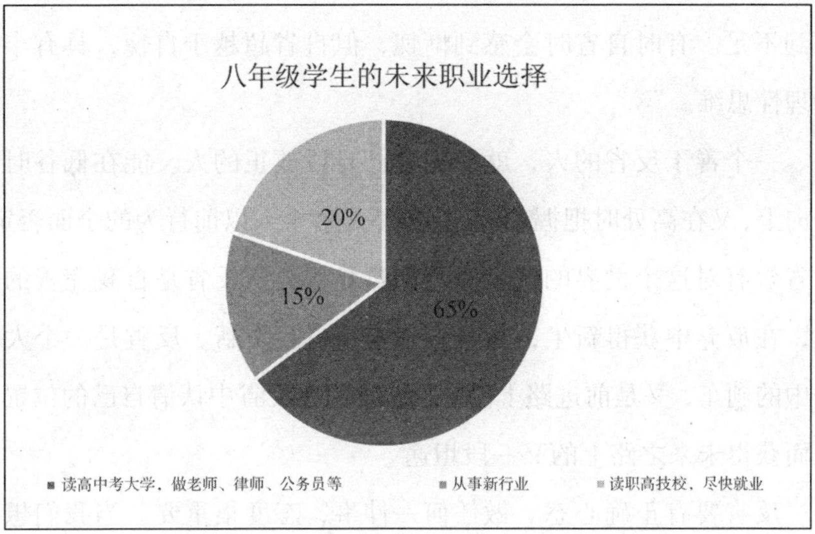

由此可见，经过设计的职业体验对于学生确立职业理想确实有积极的促进作用。

第五节　暮省沉思，日暮途远情更深

戴荣里在文章《自省的重要性》中写道：“一个善于自省的人，是从喧闹中看到冷静，热烈中看到危机，兴盛中感到衰退，恭维中感到不足。有时自省时会感到惭愧，但自省超越于自愧，具有丰富的理性思维。”

一个善于反省的人，就是把自己身段放正的人。能在低谷时昂扬向上，又在高处时把握冷静。反省不是对个人以前行为的全面否定，反省含有对这个世界的真情实意和自我扬弃。反省是自我完善的关键，在放弃中获得新生，在反省中获得自我更新。反省是一个人行进中的刹车，又是前进路上的油门。我们在反省中认清自己的位置，从而获得未来之路上的又一段坦途。

反省要有正确心态。做任何一件事，态度很重要。当我们想要完成某件事的时候，抱着“我可以”的心态去做，必然是事半功倍。

反省要有计划性。“凡事预则立，不预则废。”反省也需要有“预”，随着年级的提高，新的问题也不断增加，只有及时地进行反省，才能让自己更加适应学校，从而成就更好的自己。

反省要根据自身的实际情况。我们要根据实际情况来决定反省内容，大体可以从一天做过的事、遇到的人来反省，之后进行归类。回忆自己或他人一天学习的片段，得与失，笑与泪；总结自己或他人学习中的长处和需要改进的地方；提醒自己不忘职业理想和学业规划，时刻不忘自己的人生方向。

反省就像是照镜子，镜中映射的是自己的真实模样，或美或丑都是客观事实，即便样貌丑陋，借助镜子也可进行修饰，这正是提升自我的良机。而将镜子摔碎，一味抱怨事实，根本于事无补。

在大连市第十七中学，每天学生放学前，班主任都会利用 5 分钟作为学生的“暮省”时间。

曾子曰：“吾日三省吾身。”对于一所目标感非常明确的学校，对于一所充满激情的学校，学校利用学生的“暮省”完成“三业”教育在学校一天里的励志闭环。

学生的“暮省”内容包括今天的“失”和明天的“得”两部分，“暮省”形式分为自省和互省两环节。通常由值日班长主持，首先是闭上眼睛想，回忆这一天的经历。接下来是睁开眼睛说，说自己，也说别人，在今天的“失”中追求明天的“得”，从而让明天的自己能够超越今天的自己，做自己的“超人”。

以八年级的小红为例，她一直是班上的佼佼者，成绩优异，受到老师和同学的喜爱。然而，在一次重要的考试中，她的成绩却意外下滑。面对这样的挫折，小红没有选择逃避，而是在“暮省”时间中认真反思了自己的学习状态。她发现自己在复习过程中过于自信，忽视了对基础知识的巩固。于是，她调整了自己的学习策略，更加注重对细节和基础的把握。经过一段时间的努力，她的成绩再次回到了常态。

还有小明，一个平时比较内向的男生。在班级活动中，他总是习惯性地选择沉默和观望。在一次班级讨论会上，小明的观点得到了老师的表扬。这让小明意识到，自己其实也有表达自己想法的能力。在每天的“暮省”时间中，他开始尝试回忆并总结自己在课堂和活动中的表现。他逐渐发现，只要勇敢地迈出第一步，自己也能在人群中发光发热。于是，小明开始积极参与班级活动，与同学们分享自己的想法和见解。他的变化不仅让自己更加自信和开朗，也让班级的氛围更加活跃、和谐。

这两个例子都充分说明了“暮省”活动在初中生成长过程中的重要作用。通过自省和互省，学生们能够更加清晰地认识自己，发现自己的优点和不足，并据此调整自己的行为和态度。他们在“三业”教育的引导下，不断修正自己的职业理想、学业规划和事业情怀，以更加自信和从容的姿态迈向未来。而学校也通过这一活动，完成了“三业”教育在一天里的励志闭环，为学生的全面发展奠定了坚实的基础。

通过“暮省”这项活动，学生每一天都在紧盯自己的职业理想、学业规划和事业情怀，不断进行自我修正、自我鼓励，在“三业”教育之路上越走越自信，越走越从容。

第六节　劳动砺志，汗滴沃土梦生根

“三业”教育包括职业理想教育、学业规划教育和事业情怀教育三个方面，其包含着与劳动教育最大的契合点。学校通过劳动教育，加深学生对职业和事业的认知，培养学生劳动价值观、劳动精神、劳动思维和劳动技能，让学生认识到劳动最光荣，劳动最崇高，劳动最伟大，劳动最美丽。

学校对劳动教育进行了校本化设计，围绕“六维”（劳动知识、劳动技能、劳动习惯、劳动品质、劳动观念、劳动精神）、“六面”（收纳与整理、烹饪与营养、家用电器使用与维护、传统工艺制作、农业生产劳动、工业生产劳动）积极开展“三段”（七年级、八年级、九年级）、“三务”（家务、校务、社务）劳动教育。通过学校劳动课、校务劳动实践和团队开展的家务劳动活动，学校将“三务三段六维六面”劳动转化为学生的劳动观念、精神能力、品质习惯，转化为创造幸福生活的能力。

一、家务劳动

收纳与整理，包括行李箱收纳、整理衣柜。烹饪与营养，包括中国传统节日包粽子、包饺子、设计年夜饭菜单等烹饪劳动。在烹饪劳动中，学校要求所有学生能够做到和面、拌馅、擀饺子皮、包饺子、蒸煮饺子一条龙；作为东北学生，要学会做一道东北炖菜；作为大连人，必须会做一道海鲜。此项活动由团队组织学生在家庭开展。家用电器的使用与维护，包括学习家用电器（如洗衣机、吸尘器等）如何使用，对家用电器（如冰箱、台灯）进行简单清理和维护等，此项活动由物理教师通过校本课程落实。传统工艺制作，包括剪纸、编织、手缝、烙画等，由美术教师通过校本课程落实。家务劳动由家长和专业教师实施评价。

二、校务劳动

教室和卫生分担区清扫。花草养护，如“五谷园”“百花园”“百草园”的养护，帮助学生参与到耕种劳动中。学校还将养护人的名字做成铭牌粘贴在围墙上，让孩子们既要有养护人的责任感，也要有养护人的荣誉感；同时，这个铭牌永远留存在校园里，更让学生有了存在感、归属感、幸福感，让学校有了历史，有了文化，有了温度。在教室分饭、吃饭。在大连市第十七中学，通过在教室分饭、吃饭，学校的分餐活动已经成为一种文化，穿围裙，戴帽子，口罩手套一样不少，在分餐中培养学生为同学服务的意识，让光盘行动成为一种自觉行为；而且，总务部门提出，餐后学生必须刷牙漱口，让自己口气清新，牙齿健康，此部分活动由德育和总务部门落实，值周队实施评价。

三、社务劳动

工业生产劳动，包括制作木制作品、制作金属创意作品、进行旧物改造等，在学工基地落实。新技术体验与应用，包括三维打印技术、激光切割技术、数控加工技术、智能控制技术等，由信息技术教师带领试点班级在创客教室完成，由学工基地和专业教师实施评价。此外，学校结合“三业”教育，利用寒暑假时间让学生进行职业体验，涉及科研、工业、中医、物流、餐饮等多个领域。

学校进一步拓展可利用的社会资源，带领学生走进工厂、部队、高校、科研院所、农田、水产养殖场等单位机构，让学生充分认识社会，了解职业，体验劳动，为未来的职业选择奠定基础。

劳动体验结束后，学生与家长交流、谈心，对未来职业规划有了新的认识。

学校将不断激发学生的劳动欲望，坚持真劳动，真会劳动，教、学、做、评合一，积极创造条件进行劳动教育，使学生的创造力迸发出明耀的火花。

第七节　教学相长，智慧碰撞意更浓

为了帮助学生实现学业规划，学校结合学生底子薄、习惯差、成绩低的学情，积极探索接地气、有实效的教学方法。

学校逐步完善了“讲练考，批跟盯”的“六字教学法”。

一、“讲”

（一）“讲”在学之前

在学之前，“讲”的内容是学的方法，“讲”的目的是教会学生学习。

学法指导，通常对初次接触这一学科的学生讲，可以是某一学科如何学，介绍这一学科的基本特点及基本学法。或者是某一本教材如何学，新授课如何学，怎样记笔记；复习课怎么听，怎样来整理；习题课如何学，怎样积累等。在这个过程中，学生通过教师的“讲”，循序渐进地学会记忆基础知识的方法，学会探究难点的窍门，学会构建知识的导图，学会答题的一般方法，重点是把一本书的章节串一串，以思维导图的方式呈现出来。也可以是某一课如何学，这个可能就是预习指导了，用学案卷替代这里的“讲”就非常不错。还可以是跨学科的通法指导，比如如何做标注，如何做笔记，如何整理出错题本、好题本等。

慕课、翻转课堂是一种新的讲课形式，教师可以用这种方法助力自己的课堂教学。教师在线上实践着新的教学形式，增强了教师采取线上翻转课堂的自信，同时也为将来线上与线下教学的对接积累了宝贵的经验。因此，我们应该更好地利用现有经验，下一步把课堂也“翻转”起来，学生也“慕课”起来，教师和学生的小微课坚持录起来，用起来，以不断提升教学起点。以有效教学为小目标、近目标，以高效教学为大目标、远目标，课堂教学的效益将会越来越大，学生学习的情绪也会因为“会学习”而调动起来，学生们会越来越爱学习。

（二）“讲”在学之后

先学后教，以学定教，讲是教的一种手段，讲在学之后，课堂教学上的讲更能结合学情，精准起点，提高讲的效益。

“讲在学之后”也是“指导——自主学习”的一个重要手段。新课程理念强调自主、合作、探究的学习方式和启发式的教学方式，“先学后教，当堂训练”，简简单单的几个字，其中蕴含的却是先进的教学理念：“教师的责任不在教，而在教学生学”；“先学后教，以教导学，以学促教”，才能取得最佳的教学效果。

“讲”在学之后，讲的要点是什么呢？

1. 讲疑惑点。学生自学后，肯定有怀疑，有困惑。此时，我们就应该适时地伸出“援助之手”，答疑解惑。这时的“讲”不能面面俱到，否则就是重复了学生的“先学”，违背了“以学定教”的初衷。要做到引导点拨，能引发新的问题，迸发新的火花，这就是讲到了“妙”处。

2. 讲关键点。关键点就是重点、考点。“重要的事情说三遍”，对于重点内容，学生自学后，我们也要反复强调，争取形成答题时的“条件反射”，这就是讲到了“点子”上。

3. 讲拓展点。学生虽然前期已经自学，但由于认知水平和实践经验的限制，自学的内容比较局限。作为教师，我们站的位置能更高一些，认知范围能更广一些，专业性能更强一些。运用这些优势，去拓展学生们自学的能力，去弥补学生们自学的“盲区”，这就是讲出了“新高度”。

4. 讲升华点。任何一个学科的教学都离不开对学生情感态度价值观的教育。学生自学后简单的知识点能理解，也可能学到某一个点，心灵会有所触动，稍稍打开了心灵的那扇窗。此时需要教师更有说服力，一个个活生生的事例、一句句直击心灵的话语、一个个动情的手势，都可能成为学生们内心的“震撼”，都可能成为学生们以后人生路上美好的回忆。这就是讲到了“心窝”里。

但是，无论哪一种“讲”，我们始终要树立“讲是为了不讲，教是为了不教”“变讲堂为学堂”的思想，努力做到精讲、讲精。

（三）“讲”在批之后

“先批后讲”的“讲”字不是系统讲授的意思，而是“点拨”的意思。教师根据学生的考试情况进行点拨，或规范其不准确的表达，或解答其疑惑的问题，或纠正其错误的理解。由于学生通过讲练已基本掌握了书上的知识，所以教师真正讲解课本上的东西不是很多。课堂上能够省出很多时间让学生“再练再考”。批要细批，讲要精讲，细批之后的精讲，会讲在点上，正如GPS追踪定位，强火猛攻。

批改时，对每一道题是哪个学生有问题要做好标注，对学生错误类型要做好区分，在讲的形式上也要做好设计，如可以采用师讲生讲、错者讲对者讲，或者采用一个人讲多个人讲。如此一来，“讲练考，批跟盯”就变化为“讲练考，批，再讲，又批，还讲”，“再讲”“还讲”的意义就凸显出来了。所以，“六字教学法”其实不是机械僵化的教学步骤链条，这六字是可以排列组合，可以在某个点上重复发力重点强化的，“六字教学法”是灵活的、富有创造力的。“讲练考，批，再讲再练，还考还批还讲”，而“再讲再练”“还考还批”的效果的优劣，则决定着是否需要向下推进的节奏，这也是“跟”和“盯”的手段。目前，有一种作文法叫作“先写再导”作文法，其实就是对“先导再写”传统作文模式的一种改革，写之后的导，即批之后的讲，它不是以往的作文讲评，它是作文指导的“倒装”“后置”，讲在批之后，在作文教学上非常适用，效果颇佳。

二、“练”

讲讲“练”，按照四个“W”来展开，即WHY、WHEN、WHAT、HOW。先说为什么练（WHY）。练习练习，“练”是“习”的一种重要手段，俗话说“光说不练假把式”“是骡子是马拉出来遛遛”，还说“看花容易绣花难”，说的都是练的重要性和练的难度。

练和考有什么差别和联系呢？

还是打个比方说吧，譬如我们学习驾驶，没有哪一个正常的教练能够单纯地只用讲的方式完成驾驶教学，一定是在精讲理论之后重点展开反复练习，通过练习，让学员努力达到熟练程度。只有里程跑到了，天数练到了，教练才会有信心让你去报考，你也才有把握参加考试。练车之“练”和路考之“考”与“六字教学法”中的“练”和“考”本质上是相同的。驾校教练相当于学校教师，在练车的时候，当学员出现问题时教练会及时纠正，当然，有的教练是直接告诉你怎么办，有的教练是问你怎么办，前者是填鸭式，后者是启发式，这只是教练教学手段的差别。练习时，学员脚下的制动和教练脚下的制动是相连的，出现严重问题时教练会将紧急刹车一脚踩到底，然后想办法叫你“长记性”。考，教练不在旁边，只有考官坐在旁边，然后发出指令，你只能独自迅速做出判断和动作。由此可见，练，旁边有指导有帮助，暴露的问题可以随时调整，并且通过反复训练加深理解，练熟，熟能生巧；考，在考的过程中暴露的问题需要自己面对，独立解决，考是为了甄别和选拔，往往一锤定音。考相对于练暴露出的问题，更真实也更重要。

练是为了考，考是为了再讲再练再考，逐步缩小包围圈，最后，绝大多数题目都练习会，都考过关，这也是考验一个人毅力的过程。

我们这种做法是不是和“教会学生学习”相违背呢？

笔者认为不违背，因为“六字教学法”着眼于教师的“教”，并且，讲练考不仅是一种教法，也是一种学法。

什么时候练（WHEN）？讲过之后就要练，要趁热打铁，在学生懂的时候马上练，越练越懂；在学生会的时候马上练，越练越熟，基本观点就是越早练越快练越好。当然课堂时间有限，还要设计好课后练，并且掌握好复习节奏，在学生即将淡忘的时候强化练。

练什么呢（WHAT）？简单地说就是讲什么练什么，练的是讲的重点、难点、易错点。“练习要有明确的目的和计划，习题要精选，要有针对性和典型性”“练习内容既要有基础题又要有适当的能力提高题。只重视基础训练而忽视能力训练，不利于提高学生分析问题解决问题的能力，不利于提高学生创新思维能力”（摘自《草根生发 绿意盎然——大连市第十七中学教学改革纪实》），所以练什么需要教师多思考，多研究，多设计，其实名校的练习卷都是备课组研发的“秘密武器”。

在作文训练上，我们曾经采用作文纸引领孩子们写作。作文纸是什么呢？它是从典范的文章中提炼出的最基本的写作框架，包括一般记叙文、一般散文、托物言志散文、分论点式议论文、起承转合式议论文、层层递进式议论文、说理散文等记叙、议论两大类共七种不同的作文框架。作文纸为初中生基本的写作训练（不包括文学创作范畴）提供了便利。作文纸的好处是它很直观，也很宏观。一篇文章基本的几个步骤就在眼前，可以避免初学写作者陷入盲人摸象般的困惑。最重要的是，作文纸的好处还在于它便于学生操作，按照基本框架操作，能很快写出一篇规范的作文来。当然，作文纸只是学生初学写作时的“拐棍”，它要让学生能够“照葫芦”画出“瓢”，能够在“学会走”之后更好地“跑”，而且最后一定是扔掉“拐棍”。作文纸在学生们初学写作时发挥了比较重要的训练作用，起到了较好的效果。

怎么练（HOW）？按照识记、理解、运用、综合的顺序分梯度训练，用好一题多解、变式训练，让扎实的基础知识逐步提升为学科能力。识记问题要练扎实，理解问题要练通透，运用问题要练灵活，综合问题要练能力，以上所有问题都要练熟练，在准度的基础上求速度。单练合练分层练，练的形式多种多样；加分颁奖体活课，激励手段异彩纷呈。

关于“练”字，这里只是抛砖引玉，希望我们所有的教师都要重视“练”，在教学中不要忘记了“练一练”。

三、“考”

一般来说，高中，特别是重点高中，对刚入校的高一学生都有“杀威棒”，方法之一就是把“高中第一考”变成“高中第一烤”，“烤”得几乎全员外焦里嫩、灰头土脸、伤心欲绝——别以为自己是学霸，还差得远呢——乖乖地低下高傲的头颅跟着教师学吧。

考，是我们学校“六字教学法”中的一个重要环节，可是，如果采用学校普遍的“烤”的方法，在我们学校恐怕行不通。

为什么行不通呢？笔者想起苏霍姆林斯基在《给教师的一百条建议》中讲了这样一个故事，他说：

有一个叫费佳的学生是我永远难忘的。我教过他五年——从三年级到七年级。费佳遇到的最大障碍是算术应用题和乘法表。我断定，这孩子的问题是来不及记住应用题的条件，在他的意识里，来不及形成关于作为条件的依据的那些事物和现象的表象：当他的思想刚刚要转向另一件事物的时候，却又忘记了前一件事物。在其他年级里也有和费佳有某种相似之处的孩子，虽然他们的总数不算多。我给这些孩子编了一本特别的习题集。习题集里约有200道应用题，主要是从民间搜集来的，其中每一道题都是一个引人入胜的小故事。

它们绝大多数并不需要进行算术运算，解答这种习题首先要求动脑筋思考。

到了五年级，费佳的学习成绩就赶上来了，他能和别的学生一样，解答同样的算术应用题。到六年级，这孩子突然对物理产生了兴趣。费佳成了“少年设计家小组”的积极成员之一。七年级毕业后，费佳进了中等技术学校，后来成了一名高度熟练的技能专家——机床调整技师。

这个故事引发笔者深思：考的目的是什么（WHY）？上面提到的“高一第一考”目的是对翘尾巴的学生进行打压，让大家忘记中考优异的成绩，稳扎稳打从头再来，而我们考试的目的则是发现问题并解决问题，还有一个更主要的目的是激发学生的学习热情、学习兴趣。

我们再回到苏霍姆林斯基给教师的第一条建议上来：

让所有刚刚入学的 7 岁儿童都完成同一种体力劳动，例如去提水，一个孩子提了 5 桶就精疲力竭了，而另一个孩子却能提 20 桶。如果你强迫一个身体虚弱的孩子一定要提够 20 桶，那么就会影响他的身体健康，他到明天就什么也干不成了，说不定还会躺到医院里去。儿童从事脑力劳动所需要的力量，也是像这样各不相同的。一个学生对教材感知、理解、识记得快，在记忆中保持得长久而牢固；而另一个学生的脑力劳动就进行得完全不同：对教材的感知很慢，知识在记忆中保持得不久而且不牢固。虽然到后来（这是很常见的事），正是后一个学生在学习和智力发展上，比最初接受新知识较快的那个学生取得了大得多的成就。学习上的成就这个概念本身就是相对的：对一个学生来说，“五分”是成就的标志，而对另一个学生来说，“三分”就是了不起的成就。教师要善于确定：每一个学生在此刻能够做到什么程度，如何使他的智力和才能得到进一步的发展——这是教育技巧的一个非常重要的因素。

能否保护和培养每一个学生的自尊感，取决于教师对这个学生在学习上的个人成绩的看法。不要向儿童要求他不可能做到的事。任何一门学科的教学大纲只是包含一定水平和一定范围的知识，而没有包含活生生的儿童。不同的儿童要达到这个知识的水平和范围，所走的道路是各不相同的。有的孩子在一年级时就已经能完全独立地读出和解出应用题，而另外一些孩子直到二年级末甚至三年级末才能做到这一点。教师应当善于确定：要通过怎样的途径，要经历什么样的阻碍和困难，才能引导儿童接近教学大纲所规定的水平，以及怎样才能在每一个学生的脑力劳动中具体地实现教学大纲的要求。

有经验的教师，在一节课上给一个学生布置两三道甚至4道应用题，而给另一个学生只布置1道；一个学生做的是比较复杂的应用题，而另一个学生做的则是比较简单的；一个学生在完成语言的创造性作业(例如写作文)，另一个学生则在学习文艺作品的片段。

在这种做法下，所有的学生都在前进——有的人快一点，有的人慢一点。当学生完成作业而得到评分时，他可从评分中看见自己的劳动和努力，学习给他带来了精神上的满足和有所发现的欢乐。在这种情况下，教师和学生相互关心，相互信任，学生就不会把教师单纯地看成严厉的监督者，也不会把评分当成一种棍棒。他可以坦率地对教师说："某某地方我没有做好，某某地方我不会做。"

在学习中取得成就——这一点，形象地说，乃是通往儿童心灵中点燃着"想成为一个好人"的火花的那个角落的一条蹊径。教师要爱护这条蹊径和这点火花。

笔者认为，苏霍姆林斯基的这条建议很好地回答了"考"对于学生和教师的意义。

考什么（WHAT）？

教师要下大力气研究课程标准，保证考查的方向不跑偏。

要结合学情自主命题，结合学情精准选题。有效教学的评判标准之一就是教学目标的达成度，脱离目标的检测是无效的自我折磨，我们的教学目标和检测目标应首先着眼于有效，要特别重视基础检测，保证教学质量由有效逐步走向高效。"讲"和"考"要保持高度的一致性，根据课程标准，讲得"精"，考得"准"。"考"离不开"讲"的内容，让认真听课的孩子有成就感，眼巴巴地去盼望"考"，去验收学习成果，祈盼用认真听"讲"去赢得"考"的胜利果实。作为教师，我们负责的是考"最要紧的内容"。

考题要分层，不能胡子眉毛一把抓。"适合的才是最好的"，考绝不是"烤"，那样会把孩子的自信烤焦，也会把老师的心情烤焦。"考"是靠，靠近课标，靠近学生的发展区，拉近每个层次的孩子和学习的距离，一次近一点点；拉近每个层次的孩子和目标的距离，一次近一点点；拉近每个孩子和自信的距离。考应该是"拷"，用巧妙的方式，让孩子的思维"戴着镣铐跳舞"，用适合的考题把孩子的进取心"拷"在知识上自主地去探索，让孩子们勇于求知，乐于求知。作为教师，我们负责的是给孩子们最适合的考题。

怎样考（HOW）？

要先练后考，不练不考，对于学困生要讲一点练一点，会一点考一点。

要用好小、中、大卷，合理做好考的任务分解，做好阶梯设计，不贪多，贪多嚼不烂。

要采取多种形式去考，如画一张思维导图图解学习内容，编一首歌谣记忆学习内容，唱两句诗歌复习学习内容等等，不拘一格，都可以成为考的形式，让试卷中出现的多种考查形式在平时“考”中频频出现，让无论何种形式的试题，孩子们在平时的积累后都能够不陌生，应付得游刃有余。也让“考”不再那么枯燥，“考”，不只是学生眼中教师的“法宝”，更是学生心中不是“烤”的“考”，不厌恶的“考”。作为教师，我们负责的是探索考的形式，要别出心裁。

什么时候考（WHEN）？

考要设计好频次，学生不仅不累，反而上瘾，过瘾。

考要形成闭环。晨检、课上反馈、晚测，努力做到日清、周清、月清。

通过讲、练、考、批，学生分层清零，逐步过关。

最后一句，千万注意考要精、要巧、要设计，而不要变成学生嘴里充满讽刺的“考考考，教师的法宝。”

四、“批”

“讲练考，批跟盯”里的“批”指“批改”，批改是帮助教师和学生发现问题并解决问题的有效手段。

批改有多种形式，边批边改、先批后改、改后再批、面批面改等。批改的内容包括课后作业、课堂练习等。

不同的批改内容适合不同的方法。有经验的教师，在学生课堂练习时，通常会手执红笔，深入学生之中，随时批，随时讲，随时改，这就是边批边改。这种方法在练习中趁热打铁，能够提高批的时效，改的功效。

对于课后作业及试卷的批改，教师们最常用的是先批后改。这个办法教师们都用，但是水平却有高低。水平高的教师在批的过程中善于透过现象看本质，擅长合并同类项进行总结归纳，区分出教师的问题、学生的问题、基础的问题、能力的问题、新授的问题、熟练的问题等，然后对症下药。

如果学生态度有问题，面批面改就非常有必要，还有就是“纸短情长”，面批面改也可以省时增效。

对那些“批”后学生自己不会、不能改对的，批和改之间其实还有一项工作，那就是讲。这个“讲”准确地说是“讲评”，是针对作业暴露的问题展开地讲。具体怎么样讲，什么时机讲，谁来讲；是让犯错的学生讲，还是正确的学生讲；是站在座位上讲，还是站在讲台上讲；是学生讲，还是教师讲；是逐个讲，还是一起讲——这些都需要教师在批改时想清楚。水平高的教师会在批改时做记录：哪个同学这个地方出彩要展示，哪个同学这个地方出错要批评，哪几个同学犯的是同一类错误要一起讲，哪个同学犯的错误很典型要重点讲，分门别类，条分缕析。

然而，有些同学讲了也不改，改后再批就显得很必要。改后再批，是一种警示，是指出错误，也是督促，是促进学生进步的一种有效手段。当然也有同学属于讲了也改了——眼睁睁往错里改，所以如果改后不批，之前的批也就会失去了意义。

我们在批改时要写清分数、书写等级、日期和评语，当然批改中还要注意以鼓励性的评语为主，哪怕是批改符号。例如“√”一定打在答案关键位置，不要整篇一个大“√”，有问题的地方用“_”或“\”标记，尽量少用“×”，这样既可以避免学生产生无法补救的挫败感，又可以在学生改后再批时补成“√”，增强作业批改的正向引导作用，发挥“批改”这个评价手段的激励作用。

同样是“讲练考，批跟盯”，有的班级成绩高一些，有的班级成绩低一些，关键在于教师是否在看不见的地方下了功夫。其实，所有的巧功夫都要以笨功夫做基础，笔者相信“批”还有很多好方法，这里仅做抛砖引玉，大家多做交流，避免把脑力工作干成体力活。

五、“跟”

“跟”，强调的是动脚，要跟得紧。如何才能跟得紧呢？俗话说，动嘴不如动腿。没交作业的要跟在后面撵着要，没改错题的要跟在后面催着改，改了又错的要跟在后面跟着问，总之不给学生松懈的机会。跟得紧，跟得住，跟到他们主动交，跟到他们主动改。跟，要有时效性。只有教师不放弃，学生才能不自弃。

六、“盯”

“盯”，强调的是动眼，要盯得住。盯什么，怎么盯呢？课上盯他的上课状态，盯他的学习情绪，盯他的学习方法；课下盯他的作业质量，盯他的小考大考，盯他的成绩起伏变化。鱼问水：“你怎么知道我哭了？”水答鱼：“因为你在我心里！”所以，盯不仅要用眼盯，更要用心盯，教师要怀慧心，用慧眼，让学生们感受到教师是因爱而盯。盯他，不是针对，不是歧视，更不是只看到他的不足，而是发现他的优点，让他变得更优秀，因为好习惯通常是先盯后放，慢慢养成的。我们要努力做“双师”，要做学生们的精神导师和学法军师，做学生们一辈子感念的恩师。

最后，回顾一下“六字教学法”。讲，动嘴；练，动笔；考，动脑；批，动手；跟，动腿；盯，动眼。笔者对“六字教学法”的另一种解读是“六字教学法”含有“六动”，即嘴、笔、脑、手、腿、眼，六个方面动起来。

第八节 分层施教，个性发展绘彩虹

大连市第十七中学学生的学习成绩呈现出“脑袋小、肚子小、尾巴大”现象，不仅仅是两极分化，而是多极分化，阳光分班下的分层教学到底该如何进行，学校一直在深入思考，目前学校正在进行“阳光分班下的分层教学探索与实践活动”。

“阳光分班下的分层教学”让孩子先爱学习再会学习，具体做法是课前先“热身”，课上再分层。

一、课前先“热身”

每节课前都会进行课前热身活动，如手势舞预热、课前律动、学科活动等多种形式，进行学科转换，让学生活起来、笑起来。

二、课上再分层

对于学困生，他们基本上外语课是外语课、数学课是外语课，就连语文课也变成了外语课。为了保证学优生“吃得好”、中等生“吃得饱”、学困生“吃得越多越好”，学校必须进行分层教学。学校的做法是理科分层、文科分组。

（一）理科分层

1. 人群分层。教师根据学生的接受能力，分成学优生、中等生、学困生三层。

2. 课上习题进行分层，在新授课讲基础的时候大家一起听，最基本的练习大家一起做，接下来的巩固练习和提高拓展就有差别了。教师精心设计分层习题，所有人必须做基础题，中等生需要做基础提高题，学优生需要做拓展拔高题。所有练习都以培优补差为出发点，设计不同的教学目标，由浅入深，梯度合理，满足不同层次学生的需要。优等生夯实基础，重在拓展；中等生夯实基础，稍作提高；学困生夯实基础，再夯实基础，反复夯实基础。

3. 练习过程分层。学优生自主学习，遇到难题先自行解决，再由教师点拨；中等生由教师调控小组学习，遇到困难，中等生先向优等生求教；学困生由教师组织，遇到困难，由教师帮助解答。我们采用“放、管、扶”的方式，努力形成“好学生在领跑，中等生在猛追，学困生也有奔头”的局面。

4. 课后作业分层。教师根据学生具体实际分层设计作业，私人订制，精准分层，让学生在写作业的过程中收获成绩和自信。

5. 作业批改分层。对学困生以等级表扬为主，及时肯定其点滴进步，调动学生学习的积极性；对中等生采用激励性评价，既揭示其不足又指明其努力的方向，促使他们积极向上；对优等生采用竞争性评价，坚持高标准，严要求，促使他们更加严谨、谦虚，不断超越自己。

6. 考试评价分层。考试题增加学校结合学情的自主命题，在我们学校，考试还有一个功能，就是让学困生逐步找到自信，爱上学习。

7. 学习积分换奖品分层。既奖励学优生，也奖励学困生，在大连市第十七中学，学习用品不用学生买，由学校奖励。

（二）文科分组

文科除外语学科受学习基础影响比较大之外，其他学科跟学习基础的关系还不算太大，学校采取的人群分组方式是好中差相结合，让好的管差的，好的帮差的，形成荣誉捆绑。合作形式有二人小组检查、四人小组配合等。比如说小四科开卷考试，有些学困生不会做笔记，就让组长检查，督促学困生抄学优生笔记；语文、英语的背诵默写，就互考互盯，尽量在课上完成；英语的情景对话，通过四人小组完成，让最差的学生也被拉着向前跑。文科分组，一旦形成荣誉捆绑，学习就变成了集体的事，大家的事，你不学，大家也不干。

因为学校的情况比较特殊，可借鉴的外部经验不多，所以学校一路摸着石头过河。希望通过学校师生的探索与实践，能够给更多的新城区新市民学校一些可借鉴的经验，共同走上教育发展的快车道。

第九节　实验探索，三课并进创新潮

大连市第十七中学的校本课程当中有一项实验课程。

实验课程包括物理、化学、生物三个学科。实验和体验是它们具备的非常重要的学科属性，我们开设实验课程的目的既是回归学科属性，也是通过这种方式激发学生的学科兴趣。

以上三门实验课程都进行了适度前移，七年级开设物理、生物实验课，八年级开设化学实验课，特别提醒教师要牢记开设实验课程的目的不是提前学，不是抢进度，而是真做实验，真正激发学生的学习热情。

所有的实验课都安排了专门的实验教师，实验教师在教学课程上要完成两项内容：一是带领学生在实验室完成教材当中的实验内容；二是教师要自设实验，形成学校实验课程的校本内容，带领学生完成探索类实验。实验课课程是课改课程体系中的一个重要板块，教学内容以培养学生的发展性学习能力为核心，进一步着眼于基础性学习水平的提高，兼顾创造性学习能力的培养。实验课程根据学生的兴趣特长、思维习惯和实践方式，培养学生分析和解决问题的能力以及团结协作和积极参与社会活动的品质，全面提高学生素质，对于发现和培养人才具有重要意义。

为了贯彻教育部印发的《义务教育课程设置实验方案》和《义

务教育课程方案和课程标准（2022年版）》的要求，加强学段衔接，让理化生的实验室用起来，学校全面贯彻党的教育方针，落实立德树人根本任务，做到真“双减”和真增效，培养德智体美劳全面发展的社会主义建设者和接班人的总体目标，学校制订了《大连市第十七中学理化生实验课课程实施方案》。内容如下：

一、指导思想

学校开设的实验课程是以“促进全体学生全面发展、个性发展和在原有基础上的可持续终身发展”这一先进的教育理念为指导，遵循学校“以学生为本”的办学方针。学校将实验课程作为培养学生主体意识、完善学生认知结构、改善学生学习方式、提高其自我管理和选择学习能力的重要载体。结合学校实际，积极开发，加强指导，逐步推进，努力形成有利于学生个性发展和创造力培养的新型课程体系，促进学生个性化与社会化的和谐发展。

二、课程理念

培养学生自主学习的能力，促进学习方式的改善。关注学生自主学习的过程，促进学生在教师指导下，逐步形成自主选择的意识及能力。注重学校和教师参与课程建设，提升学校开发和建设课程的效果。

三、课程目标

坚持国家教育方针，在保证学生生命质量的前提下，促进其个性发展，为每个孩子创造属于他们自己的美好未来。

1. 加深学生对物理、化学、生物课程的认识和体验；拓宽学生的知识面，提高学生的学习能力和社会适应能力。

2. 关注学生的个性特长和兴趣爱好，促进学生多样化发展。

3. 培养学生的创新精神和实践能力，拓宽其知识基础，提高其基本技能，形成彼此间表达、交流和合作的能力。

4. 培养学生学习兴趣和爱好，逐步形成良好的个性心理品质和健全的人格，形成诚信意识、公民意识。

5. 以实施实验课程为契机，挖掘学校资源，形成学校课程特色，促进学生的全面发展和个性发展。

四、课程结构

1. 保留学科必做实验，结合兴趣实验，尽量满足学生的学习需求。

2. 有选择地使用初中物理、化学、生物必做实验等，丰富课程内容。

3. 专任教师实施学校的校本课程内容。

五、基本原则

1. 基础性原则

学校实验课程的开设以基础型课程为出发点，立足于保证和满足每个学生生存和发展的需要。开设的课程包括一些低层次的课题任务，使学生掌握最基本的学习方法，并以此来确保学生人人参与。

2. 多样性原则

学校实验课程内容具有多样性，本学期，学校开设物理、化学、生物等不同专题的课程，以适应学生不同发展水平的需要和个性发展的需要。课程模式体现多样性，分为培养基本技能、发展个性化特长、提升创新精神与实践能力等。有的科目是课内外相结合，注重学生的体验和考察过程，以实施开放型教学为主。

3. 时代性原则

与之前的化学实验相比，学校实验课程内容依据学生的兴趣爱好做了适当调整，增加了学生喜欢的新内容，以适应学生需求。同时，学校提供了硬件支持，为每位教师配备了联网云电脑，使教师的教学手段更加先进，体现了时代教育的特征。

4. 开放性原则

学校实验课程强调学习与学生生活、与社会发展相联系，重视课程的开放性。在课程的编制和教学中，提倡科学性与人文性统一，既注重科学原理的认识和掌握，又注重态度方法和精神的综合培养；课程实施过程体现了民主性和尊重个性发展的原则。

六、课程设置

学校实验课程主要由基础型课程延伸的学科教学内容和满足学生个性化发展需要的其他学习兴趣课程组成，是学校根据国家教育培养目标及本校的办学理念，为满足学生的兴趣爱好和个性特长发展需要，以学生为主体，整合各类社会资源，开发适合学校特点和条件的实验课程。

七、资料收集

1. 学校物理、化学、生物教研组积极自主地开发实验课程校本教材。

2. 校本教材编制应促进学生学习的积极主动性，有利于教师发挥个人专长并能创造性地教学，有利于师生互动。

3. 学科类校本教材编制以教研组为单位，采取集体编写的原则，也可以使用同类学科的讲义稿或其他学校的相关教材。

4. 校本教材内容的选择要关注学生的学习兴趣，激发学生的学习积极性。

5. 充分利用信息技术，积极开发适合学生学习特点的电子教材。重视开发和合理利用本区域所具备的教育资源。

八、课程实施

1. 学校的拓展实验由教学部门主管规划并设计课程实施方案，明确课程目标，完善内容，整理评价等。

2. 成立学校实验课程教研组。物理、化学、生物教研组负责教学的实践与研究，同时要协调各部门工作。

例如，化学实验课课程内容完善如下：

授课时间	课程名称	设计意图
9月1日–9月2日	开学第一课	引起学生对化学的兴趣
9月5日–9月9日	化学史（一）	带领学生进入化学世界，了解化学史，这也是核心素养的要求
9月13日–9月16日	化学史（二）	
9月19日–9月23日	化学史（三）	
9月26日–9月30日	化学史（四）	
10月10日–10月14日	走进化学实验室（一）	从实验入手，了解最常见的实验仪器，练习固体药品的取用、液体药品的取用、固体药品和液体药品的量取、给物质加热，为后续的实验操作打下基础
10月17日–10月21日	走进化学实验室（二）	
10月24日–10月28日	走进化学实验室（三）	
10月31日–11月4日	走进化学实验室（四）	

续表

授课时间	课程名称	设计意图
11月7日–11月11日	对蜡烛及其燃烧的探究	通过这两个实验的学习，让学生知道如何通过实验学习化学，要观察什么，以及基本的实验技能
11月14日–11月18日	呼出气体和吸入空气有什么不同	
11月21日–11月25日	探索氧气的“奥秘”（1）：高锰酸钾制取氧气	氧气，是中考中的重要内容，氧气的实验室制取和性质的探究也是课标中要求的必做实验。从生活中离不开的氧气入手，了解氧气的性质及变化；通过学生自己制取的氧气去探究氧气的性质及其变化。有充足的时间让学生自己动手，提高学生的实验技能，以及初步分析和解决问题的能力
11月28日–12月2日	探索氧气的“奥秘”（2）	
12月5日–12月9日		
12月12日–12月16日		
12月19日–12月23日		
12月26日–12月30日	汽水中的气体	关于二氧化碳的探究是氧气探究的后续，考查并锻炼学生的迁移能力。这部分包括制取二氧化碳，二氧化碳性质的探究。其中关于二氧化碳性质的探究可以做阶梯蜡烛、二氧化碳溶于水、二氧化碳与水反应三节课的实验
3月1日–3月7日		
3月8日–3月14日		
3月15日–3月21日		
3月22日–3月28日	给生鸡蛋脱壳	将所学的知识运用到生活中，让学生收获喜悦，增强对化学的兴趣
3月29日–4月4日	燃烧和灭火	承接二氧化碳的性质的探究，探究燃烧的条件和灭火的原理，学生学习通过控制变量探究实验问题的方法；通过自制二氧化碳灭火器巩固对二氧化碳的性质的认知
4月8日–4月14日		
4月17日–4月21日	饮水思源	继续了解身边的化学物质，爱护水资源（1节）；水的净化（2节），带学生练习过滤及蒸馏的操作并让学生自制净水器；水的组成（1节），进行电解水的实验；鉴别软水硬水（1节）；水是最常见的溶剂，让学生进行配置和稀释的操作（2节）；利用学生配置的氯化钠溶液进行粗盐提纯（1节）。从生活中的物质入手，让学生进行实验，提高学生的实验操作以及解决问题的能力
4月24日–4月28日		
5月2日–5月5日		
5月8日–5月12日		
5月15日–5月19日		
5月22日–5月26日		
5月29日–6月2日		
6月5日–6月9日		
6月12日–6月16日	变色花	自制酸碱指示剂，了解指示剂的意义，能简单测试生活中物品的酸碱性

续表

授课时间	课程名称	设计意图
6月19日–6月23日	无孔不入 （分子的运动）	进行氨水扩散实验并探究影响分子运动的因素
6月26日–6月30日	化学式的书写	将学生熟悉的化学物质的化学式的书写方式教给他们，为九年级的学习打好基础

3. 教学部门负责常规管理，重点做好过程管理，定期组织研讨会和交流小结会，对年级组任课教师的工作给予一定的指导，发现问题及时整改，保证教学的顺利进行。

4. 做好学生及教师的评价工作。

九、课程评价（六六原则）

依据授课教师的数据记录，包括学生出勤情况、参与热情、团队合作意识、能力锻炼、学习体会等，对学生进行评价。另外利用学习小组的记录评价每个学生，包括团结合作精神、独立处理问题的能力、学习态度和学习效果等方面，主要通过教师、学生和教科研、教导处综合评价。

以上是学校制订的在今后一段时间开发与开展实验课程的设想方案，其中部分课程结构与内容还需要在实践中不断调整与完善。学校的实验课任课教师还需在教学中对自己执教的实验课程加深了解和重视，进一步着眼于基础能力培养，注重发展学生各种不同的特殊能力，为培养个性和终身学习打下扎实的基础。

第四章

世界纷呈如画，特色辅助课程中遇见你

世界那么大，还是遇见你

——抱抱

中午，有人很有节奏地轻敲我办公室的门，经允许后恭恭敬敬走进来的，是一个瘦高的孩子，我一眼就认出来，他是我调到新学校后严厉批评过的第一个学生。

今天是九年级学生在学校的最后一天，早上我逐个班级走过去，做最后一次讲话。我讲了两个内容：一个是对考试，我嘱咐孩子们，题简单了不笑，题难了不哭，我们应该始终保持从容淡定的状态；一个是对母校，最后一天即使有人心里不痛快，也千万别拿桌椅出气，拿公共财物出气，来找我出气，桌椅板凳学弟学妹们还要用呀，当然也不要刻写“孙悟空到此一游”来留念。孩子们听得很认真，而且是一如既往听得两眼放光的认真，真的，我非常喜欢那种听讲时目光能够追随着你的听众。

进入我办公室的这个学生把手里的校服在我桌面上平整铺开，指着一大块白白净净的反射着亮光的位置说：“校长，这是我专门留给您的位置，给我签个名吧。”我含着笑把自己的名字认认真真写上去，嘴里一面说着：“孩子，我认识你，你是我到咱们学校后所批评的第一个学生。今天，我想告诉你，今后我想第一个听到你成功的好消息。”

名字签完，孩子没走，大男孩有点害羞地轻声说：“校长，抱抱。”

我开心地站起来，张开双臂，把这第一个严厉批评过的瘦高的孩子抱在怀里，手掌在他的后背上拍了又拍。此时，我的眼中含泪，这泪水是从心里的喜悦处而来，我曾经把他推开，语气严厉地让他必须立正在我的面前，听我严肃地训斥，而今天，他求我拥他入怀，这是成长的释怀。

人与人之间的交流常常借助肢体语言，“抱抱”是其中最普遍、最温暖的方式，它也正体现了教育的质朴和温度。我愿意用手臂去拥抱孩子们，我更希望孩子们用心灵去拥抱生活，拥抱世界。

调到新学校以来，我一直在想：什么是教育？什么是成功的教育？在教育者已经被社会裹挟着不得不变得功利的今天，我更看重这样的教育成果：它超越了考多少分，考上什么学校，今后做什么工作，会当多大官，能赚多少钱；它符合我们的校训的核心追求“先学做人”；它更关注人，关注那些没考多少分，没考上什么学校的那部分人；它是这十年来，我反复说的“教育的良心”。一所学校好不好，不仅要看考了多少高分，上了多少名校，还要看有多少人没考低分，如果考了低分，他有没有归宿，有没有成长——教育的良心必然换回孩子们将心比心的善良的心。

在这个信息爆炸的时代，教育不再仅仅是知识的传授，更重要的是引导学生们发现自我，认识世界，规划未来。大连市第十七中学深谙此道，我们通过特色辅助课程的设计与实施，致力于培养具有全球视野、创新精神和实践能力的未来领袖。

讲堂课程的设计理念源于“多元智能理论”和“生涯发展理论”。多元智能理论认为，每个人都拥有多种智能，如语言智能、数学逻辑智能、空间智能、音乐智能、身体运动智能等，而讲堂课程正是通过邀请不同领域的嘉宾分享自己的经历和经验，让学生们有机会了解和发掘自己的多元智能。同时，生涯发展理论强调个体在不同阶段的发展任务和角色转变，讲堂课程通过真实的职业故事和人生经验分享，帮助学生们明确自己的学业规划和事业情怀，为未来的生涯规划打下坚实的基础。

家庭是人生的第一所学校，父母是孩子的第一任老师。家庭教育课程的设计基于家庭教育的重要性和家校合作的理念。家庭教育对孩子的成长具有深远的影响，而家庭教育课程通过加强家校沟通与合作，帮助家长们提升教育理念和方法，为孩子的全面发展提供有力的支持。同时，家庭教育课程也强调家庭氛围和情感支持对孩子成长的重要性，鼓励家长们为孩子创造一个温馨、和谐、具有支持性的家庭环境。

激励是激发人内在潜能的重要手段，而激励课程的设计正是基于“动机理论”和“自我效能感理论”的。动机理论认为，人的行为是由内在需求和外在诱因共同驱动的，而激励课程通过设立明确的目标、提供有趣的任务和及时的反馈等方式，激发学生们的学习兴趣和动力。自我效能感理论则强调个体对自己能否成功完成某项任务的主观判断和其对行为的影响，激励课程通过肯定和鼓励学生的进步和成就，提升他们的自我效能感和学习自信心。

在这一章节中，我们将看到大连市第十七中学如何通过特色辅助课程的设计与实施，以多元智能理论、生涯发展理论、家庭教育理论、动机理论和自我效能感理论为依据，引导学生们在职业理想、学业规划、事业情怀三个方面实现全面而均衡的发展。这些课程不仅拓宽了学生们的视野和知识面，更激发了他们的内在潜能和动力。相信在未来的日子里，这些学生们定能在各自的领域里绽放出耀眼的光芒。

第一节　讲堂课程，遇见“三业”智慧

百行百业出状元，千面千貌看人生。

“职业理想、学业规划、事业情怀”的“三业”教育是大连市第十七中学的一张新名片，这一教育理念旨在通过各行业榜样人物的指引，让学生们了解职业形态，确定学业规划，培植事业情怀，在初中阶段就确立职业生涯规划，激发学习动力，形成“天天给力量，日日促成长”的德育教育特色。在社会各界人士的多方助力下，“百

行讲堂”活动在学校得以延续开来。

“百行讲堂”就是邀请社会上各个行业的代表到学校给学生们做演讲,尽量邀请新三百六十行,尽量邀请在各个领域中的精英代表。

开展“百行讲堂”课程的主要目的有二：一个是让学生在进行职业选择之前尽可能多地了解各行各业，从而选择一个自己喜欢的职业，特别是选择一个朝阳职业，为自己的一生幸福奠基；一个是通过精英们的演讲，提升学生们对职业的认识，有些冷门专业是国家的需要、社会的需要，我们还要有干一行爱一行的精神，进而让学生的身上永远有一股向上的力量，在任何一个领域都有精益求精的劲头，都要将职业作为事业去奋斗，去追求。

针对“三业”教育中的职业理想教育，“百行讲堂”系列课程截至目前邀请的嘉宾有：华建集团华东建筑设计研究院有限公司(简称“华东院”)的建筑设计精英周金华老师，大连和阅阁儿童书店创始人崔连峰老师，特级飞行员、一级作家、大连市委宣传部原二级巡视员宁明老师，锁王张清水老师，大连口腔义齿中等职业技术学校刘洋书记、王春老师，以及旅顺广播电视台新闻中心的王忠鹏记者。

华东院的建筑设计精英周金华老师做了主题为《青春是用来奋斗的》的直播演讲，讲述了她设计大连旅顺舰艇博物馆、长春市动物园的故事。每一段故事各有感悟心得，周金华老师通过行业故事为同学们分享的同样是做人做事的道理。态度决定一切，有了正确的态度，才会找到正确的方法，取得正确的结果。同学们在梦想中也感受到了真实世界的辛苦，梦想配合努力，方能砥砺前行。这种职业精神对同学们有许多启发，可以让同学们在青春时期内心就根植对建筑行业的认知和热爱。

大连和阅阁儿童书店创始人崔连峰老师做了主题为《出走半生，归来时仍是少年》的演讲。崔老师结合大连市第十七中学“先学做人，后做学问，浮舟沧海，立马昆仑”的校训，用“径、敬、境”三字分享了他和教师这个职业的纠葛和渊源。让同学们明白了书山有路勤为径、爱岗敬业、怀感恩之心、学无止境、生命要有追求、人生要活出新境界的道理。

特级飞行员、一级作家、大连市委宣传部原二级巡视员宁明老师携两部新书《飞翔的青春》《礼赞》与孩子们见面，为我们带来讲座《我爱祖国的蓝天》。宁明老师从初做飞天梦、飞翔的青春、难忘加加林、张开诗意的翅膀四个方面和孩子们进行了分享。再坚持一点、再完美一点的自我挑战与永不放弃的精神让孩子们受益终身。许多学生也添上了“飞行员”这个新的职业理想，并树立了锻炼身体，精进学业，为自己的梦想努力进发的目标。

“小兔子乖乖开锁”的创始人锁王张清水老师用开放式讲座的方式与同学们亲切互动，告诉同学们要有“敬畏之心”的底线；要有完成一件事的意志力；要找到自己喜欢和擅长的事情；要放下烦恼轻装前行，成就工匠精神。为孩子们打开了一扇新的职业大门。

大连口腔义齿中等职业技术学校刘洋书记、王春老师为同学们带来了精彩的讲座。首先，王老师将健康牙齿与龋齿的情况进行比较。在学生互动展示各自的刷牙方法后，王老师讲解了国际公认的标准刷牙方法——巴氏刷牙法。王老师还对学生们提出的各种关于口腔领域的困惑一一进行解答。随后，王老师介绍了口腔义齿制造专业的研究方向以及宽广的就业领域，为孩子们打开了另一扇职业大门。同学们能将学科知识与社会生活相联系，“护牙健齿少年强，健康中国民族兴”！

旅顺广播电视台新闻中心的王忠鹏记者为同学们带来了《有梦想谁都了不起》的讲座，向大家分享了他不凡的经历。从在技校学习的焊枪手到大连市优秀新闻工作者，从写作爱好的缘起，到记者职业的圆梦，他不甘于最初的职业轨道，付出了无数汗水，最终破茧成蝶，实现人生梦想。这次分享让同学们明白，在遇到挫折的时候，在人生路途不顺利的时候，想想最初的梦想，珍惜大好的青春年华，奋力追逐自己的梦想！

针对“三业”教育中的学业规划教育，“百行讲堂”系列课程邀请的嘉宾有：大连市第二人民医院的刘玉雯药师，高级健康管理师高静梅老师，明亚保险经纪股份有限公司大连分公司高级经纪人、大连品牌故事大赛决赛选手刘媛媛老师，以及清华双胞胎姐妹花中的姐姐马冬晗老师。

大连市第二人民医院的刘玉雯药师围绕学校强调培养的“五自少年”中人格自尊、学习自主、体魄自强三方面，分享了她学习与工作中逆袭成长的多彩经历，对药师行业的解读与敬畏。让同学们懂得了珍惜时光，认真生活，尊重生命。

高级健康管理师高静梅老师做了《把命运掌握在自己手中》的直播演讲，她分享了鼓励女儿增强自信，并一步步成为东北财经大学国际经济贸易学院学生会主席的故事。她还倡导同学们多读书、乐读书、会读书、读好书，知道学无止境，坚持终身学习，坚持可持续发展。学生也有许多感悟，他们明白了没有天生的信心，只有不断培养的信心，明白了今天的努力就是为了铺垫未来的幸福大道。

明亚保险经纪股份有限公司大连分公司高级经纪人、大连品牌故事大赛决赛选手刘媛媛老师为同学们做《百战归来再读书》的演讲。刘媛媛老师用自己的亲身经历分享给孩子们三个观点：听话照做，克服困难，终身成长。刘老师以精彩的行业故事、人生故事对孩子们进行了启发，引发了大家的思考和共鸣。她用自己的故事告诉大家，每个人取得的成绩，都源于自己不懈的努力和奋斗的追求。

清华双胞胎姐妹花中的姐姐马冬晗老师为我们带来了讲座报告《青春 · 理想 · 奋斗》，以 9–3–9–5 四个数字，概括了她的求学历程。9 年在大工附校的萌芽、积淀，3 年在育明高中的静心、钻研，9 年在清华大学的尝试、涉猎，5 年在普渡大学的挑战、超越，让同学们感受到了马冬晗老师的家国情怀，也让同学们明白没有人能够随随便便成功，很多人只是看到了别人最终的成功，却没有看到成功背后的坚持。希望同学们为自己的明天，为自己的梦想，努力进发。

针对“三业”教育中的事业情怀教育，“百行讲堂”系列课程邀请的嘉宾有大连市河南商会党支部书记兼会长卢照堂先生、金家街非遗文化体验馆的林淼馆长、朋朋修脚创始人高广东先生，以及辽宁世勋律师事务所首席合伙人郝新林律师。

大连市河南商会党支部书记兼会长卢照堂先生将家长、企业家、商会会长等多重经历汇总于一体，用生动而富有哲理的话语，和广大师生们一同探讨人生，启迪未来。用亲身经历鼓舞广大学子，要懂得现阶段的主要任务，克服眼前的困难，找准人生的方向，努力做一个让家长安心放心、让学校引以为傲的新时代好少年；更鼓励大家要珍惜当前的大好环境，要有家国情怀，立足当下，勇于担当，将来也要用真情服务社会，用真心回报社会。

金家街非遗文化体验馆的林森馆长为大家做《穿越千年时空，走向七彩人生》的分享演讲。林森馆长从“文化遗产”给大家说起，带领同学们三次穿越时空，在互动中体验不同的“非遗”故事，认识“皮影戏”“麦秸画”“剪纸画”。故事都传达出了“善良”的思想，也让同学们体会到了非遗传承人的职责和使命。同学们都对非物质文化遗产有了更加深刻的理解和更加厚重的感情，也立志要努力学习，为传承非物质文化遗产贡献自己的力量。

朋朋修脚创始人高广东先生为同学们带来精彩演讲《梦想因坚持、努力、拼搏而伟大》。高先生将自己的亲身经历分享给学生，从学习修脚技术到创办朋朋修脚，多年来，在不断诚信经营、壮大企业的同时，他始终把自己定位为服务者，积极参加公益活动。同学们亦受到很多的启发。从修脚这样一个不起眼的行业做起，也能成规模、出效益，也能靠着双手挣出一片天下，也能回报社会，实现事业价值。只要不断地坚持，努力，拼搏，小小的一颗梦想的种子，总会发芽长大。

辽宁世勋律师事务所首席合伙人郝新林律师为同学们带来了讲座《知行合一的力量》，告诉同学们要立志，高度决定前景，一个高的意识形态能抵御痛苦，战胜诱惑；要提升钝感力，在挫折中享受大智若愚的人生态度；要培养兴趣爱好，这会决定我们的发展方向；要学会“知行合一”，知是行之始，行是知之成。知行合一，情知教学，也是学校始终坚持的理念，它不仅贯彻在教育教学中，也体现在校园的角角落落。这次讲座为孩子们推开了走向新世界的大门。

第二节 家教课程，遇见“三业”成长

“双减”政策的实施开启了新一轮的教育改革，也使我国对家庭教育的关注度不断提高。“新市民”作为进城务工群体中的一个重要特殊部分，面临着诸多问题，而家庭教育问题是其中最重要的问题之一。学校在“双减”背景下进行“新市民”家庭教育实践研究，探索并构建了“送给家长四堂课”课程体系。通过家长学堂、家长讲堂、家长诊堂、家校合堂的实践，帮助“新市民”在家庭中对其子女进行道德品质、身体素质、生活技能、文化修养、行为习惯等方面的教育，以促进其子女德智体美劳全面发展，形成家校教育的合力。

随着城市建设的高速发展，越来越多的外来务工人员在城市落户，成为“新市民”的一员，也出现了一些新市民子女占主体的学校。2022 年 1 月 1 日起，《中华人民共和国家庭教育促进法》（以下简称《家庭教育促进法》）正式实施。《家庭教育促进法》明确家庭教育内容，引导家庭教育方式方法，家庭教育从“家事”升级为“国事”，既关乎每个家庭，也关乎每所学校。同时，《家庭教育促进法》对家庭教育的指导、支持和服务作出了明确的规定。家庭教育是一项全社会参与的系统工程，而在这一系统工程的具体实施中，学校起到了主渠道、主力军的作用。

《全国妇联、教育部、中央文明办关于进一步加强家长学校工作的指导意见》提出：“家长学校是宣传普及家庭教育知识，提升家长素质的重要场所，是指导推进家庭教育的主阵地和主渠道。”在学校中进行家庭教育指导，是高质量完成学校教育工作的必然要求，它在学校教育工作的整个过程中都体现了同步性、针对性、便捷性、互惠性等特点。学校和教师要帮助父母明确法定责任，指导家庭建设，优化家庭环境；引导他们树立正确的教育观念，并掌握科学的教育方法，学习与学校合作，实现教育合力最大化。学校和教师还应该树立起协同意识，将孩子在成长过程中所面临的问题与家长的实际需求相结合，对家庭教育进行指导，并综合运用日常沟通、家长会、家长委员会、家访、家长开放日等家校联系的主要渠道，开展家庭教育指导工作。

“双减”政策把孩子送还给了家长，随着家庭教育公共性价值目标的凸显，家长教育观念滞后、家庭教育能力不足等问题逐渐受到重视，尤其是学历不高、时间不足、经济不富裕的“新市民”家庭。“新市民”家长普遍学历水平低，主要职业是小商小贩服务业，不会教育孩子，也没有时间教育孩子，所以上学学 5 天 + 居家休 2 天，导致教育效果 <0。如何有效地开展家庭教育成为迫在眉睫的难题。在“双减”背景下，进行“新市民”家庭教育实践研究，构建“送给家长四堂课”课程体系，可以给同类学校提供家庭教育范本，帮助“新市民”家长进行家庭教育，对于青少年全面发展，缓解社会焦虑，提升国民素质有着重要意义。

一、相关概念解释

“双减”，即减轻义务教育阶段学生过重作业负担和校外培训负担。2021 年颁布的《关于进一步减轻义务教育阶段学生作业负担和校外培训负担的意见》将“双减”置于中心位置，强化学校教育主阵地的作用。针对校内教育，要“三管”：管好教育教学秩序、管好考试评价、管住教师违规补课；还要“三提”：提高教育教学质量、提高作业管理水平、提升课后服务水平。针对校外教育，也呼吁家庭教育的回归，对家校共育提出了新的要求。

家庭教育，指监护人为促进未成年人全面健康成长，对其实施的道德品质、身体素质、生活技能、文化修养、行为习惯等方面的培育、引导和影响。

“新市民”的称谓始自 2006 年 2 月，青岛市为使 120 万外来务工人员享受与本地市民平等的待遇，提高他们的社会地位，将外来务工人员改称为“新市民”，其子女称为“新市民子女”。随后，一些学者把进城务工的农民群体统称为“新市民”，本文中的“新市民”特指在城乡接合部的、偏重体力劳动的、受教育程度为高中或以下的外来务工人员。

二、“送给家长四堂课”的实施策略

多方义务教育主体的共同推进是家庭教育相关政策落地实施的有效路径，家庭、学校、社会的密切配合，才能共同培养德智体美劳全面发展的社会主义建设者和接班人。因此，在“双减”背景下，学校构建“新市民”家庭教育“送给家长四堂课”课程体系，教会家长做家长，做最好的家长，力争减阻力，增动力，成合力。家长学堂让家长学法规，学养儿，学育儿；家长讲堂讲述成败案例；家长诊堂寻医问药，妙手回春；家校合堂让家长、教师、学生共上一堂班会课。通过送给家长四堂课，为家长提供家庭教育的专业化指导和个性化支持服务，积极督促，引导家长履行家庭教育主体责任，协同推进家庭教育高质量发展，构建家校共育新生态。

1.“送给家长四堂课”——家长学堂

第一堂课，家长学堂，学习的内容是学法规，学养儿，学育儿。《家庭教育促进法》要求家长掌握科学的家庭教育方法，提高家庭教育的能力。而近年来的调查显示：家长对家庭教育指导的需求普遍较高，家长缺少家庭教育的理论和方法，对于受教育程度不高的“新市民”家庭来说更是如此，家长更期望从学校接受指导，更期待个性化指导和指导内容的实用性。教育子女是父母的天然权利，却不是天赋能力，考虑到“新市民”家庭的具体情况与切实需求，“送给家长四堂课”中的“第一堂课”就是为了缓解“新市民”家长在教育子女时产生的无力感与焦虑感，提高家庭教育的能力。

在家长学堂中学法规，督促家长学习《中华人民共和国教师法》《中华人民共和国未成年人保护法》《家庭教育促进法》，依法做个好家长。在家长学堂中学养儿，引导家长学习营养学、心理学、健康学等知识，科学养儿，确保孩子身心健康。在家长学堂中学育儿，邀请教育专家，针对“新市民”特点，为家长“私人订制”个性化课程，找到准确的逻辑起点，精准设计课程，例如“做一个自信的家长”“不要把自己的梦想强加于人”“让自己情绪稳定”“管好自己的嘴”“为孩子打样”“孩子的成长比成绩更重要”“在孩子的教育上要与老师同行”等。学堂的形式有专家讲座、家长沙龙、读书分享等，呈现多元化、生动化特点。帮助家长加强角色观念，完成角色转变，真正意识到促进家庭教育是“增进家庭幸福与社会和谐，培养德智体美劳全面发展的社会主义建设者和接班人”的关键举措。

2.“送给家长四堂课”——家长讲堂

第二堂课，家长讲堂，邀请家长现身说法，讲成功案例，讲失败案例。家庭是青少年生活的起点，又是其身心成长的港湾。良好的家庭教育，不仅能够保障青少年身心健康发展，而且能够帮助其有效应对各种生活事件，正确处理成长中出现的各种问题。

家长不仅仅要做家庭教育知识的学习者和执行者，更要做一个主动的思考者和积极的反思者，不论是作为专业人员还是家长，都不仅要向书本和理论学习，更要向实践和其他家长学习，包括观察、对话、倾听、请教、分析、反思等方式。“第二堂课”家长讲堂的设置，请家长分享成功案例与失败案例，只讲小故事不讲大道理，让家长在成功的案例里学习方法，在失败的案例里吸取教训。

3.“送给家长四堂课”——家长诊堂

第三堂课，家长诊堂，通过家校联系平台，畅通家长“寻医问药”渠道，由学校组成的“智囊团”奉上灵丹妙药，努力实现“药到病除”。对本校家庭教育现状进行调查，为家庭教育“送给家长四堂课”体系的实践提供依据与方向，针对调研结果显示出的问题，为家长提供针对性的帮助。

“第三堂课”家长诊堂活动在大连市第十七中学开展，通过调查问卷对学校的家长进行了调研。我们发现，家长最需要解决的四大问题分别为学习动力问题、亲子沟通问题、情绪控制问题、孩子迷恋电子产品问题。线下最受欢迎的学习方式为体验式学习。家长参加线下学习的最优时间为周六或周日下午。根据以上调研结果，学校积极做出调整，邀请家庭教育专家团队，根据不同群体家长的需要，为学校家长量身定制专属体验课程，并联合大连市高新区凌水街道栾山社区，把课堂开到了社区，开到了周末，开展了主题为“远离尬聊，从心开始”的家庭教育专属课程讲座。家庭教育指导专家时延松老师带领家长从话题、语音、语调以及对方感受等多方面剖析尬聊产生的原因；并通过互动体验的方式，学习、掌握沟通的技巧和方法；同时也解析了什么叫换位思考，手把手教家长怎样才能更容易达成预期沟通效果。在整个下午的学习过程中，家长们全情投入。在互动式的学习过程中，家长们打破过去固有的思维模式，重新审视沟通的重要性，同时在体验和练习中，实践所学的知识与方法，打磨沟通技巧的运用。

4.“送给家长四堂课”——家校合堂

区别于其他教育活动，家庭教育的实施主体“家长”未受过专业训练，甚至可能初为父母，毫无经验。2020 年发表的《中国城市家庭教育社会支持现状研究》表明，关于家庭教育，70% 以上的家长都希望获得学校与社会的支持。社区、学校聚集了大量家庭和学生，是开展家庭教育指导工作最有效的场所，应担负起支持家庭教育发展的重大责任。唯有父母与孩子共成长，家庭教育才能发挥真正价值。

“第四堂课”家校合堂，确定焦点专题，组织试点班级家长、教师、学生共坐同一教室，同开一节主题班会。《教育部关于加强家庭教育工作的指导意见》明确提出：“充分发挥学校在家庭教育中的重要作用，加快形成家庭教育社会支持网络，推动家庭、学校、社会密切配合，共同培养德智体美劳全面发展的社会主义建设者和接班人。”注重家庭建设，培育积极健康的家庭文化，树立和传承优良家风，弘扬中华民族家庭美德。针对焦点专题，家校生共坐同一教室，同开一节主题班会，三位一体，同频共振，实现合力课堂下的合力教育。

三、结语

在“双减”背景下，家庭教育面临一系列棘手问题。“新市民”家庭教育“送给家长四堂课”的探索与实践以特殊群体“新市民”的家庭教育为研究样本，填补了相关领域研究的空白，完善了家庭教育的评价体系，增强了“新市民”家长教育子女的自主性和自信心。设置“送给家长四堂课”课程体系，体现了家庭教育有效实施的可操作性和方法的多样性，充分发挥家庭教育的育人功能，形成家庭、学校和社会育人合力。“送给家长四堂课”课程体系的实践可以给同类学校提供家庭教育范本，在推进“家校社”协同育人的大背景下，有效提升家长的家庭教育能力。

第三节 激励课程，遇见“三业”动力

“授人以鱼，不如授人以渔”，但是更多的教育实践表明：“欲”，也就是动机之于“渔”更为重要。怎样才能激发学生内心不断成长、不断进步的力量？其中一个重要的手段就是实施有效的激励。作为一所新城区新市民学校，我们学校采取积分换奖品的激励措施。“积分”这一概念源自商业激励的手段，通过积分激励的方式提高用户的忠诚度，鼓励用户前来消费，积分在商业领域的应用就属于激励行为。因此，借鉴消费积分和网络积分的设计理念和实践经验，在人才激励方面引入积分管理是可行的，也是具备一定应用基础的。积分换奖品的激励措施让努力学习的学生不用买学习用品，努力学习就是给自己赚钱，给家长省钱。精神上的军衔晋级与物质上的积分换奖品并行，让学生的收获感满满。

奖要有“章”，学校建立的评比制度，让短期激励与长期激励有效结合。经过德育和智育方面的共同实践，学校制定了积分积星换奖品的规则：只要学生有进步就能换取相应的学习用品。换奖品的原则：智育和德育都奖励，优秀和进步都奖励。具体的兑换规则如下：

学习积分换奖品

学习积分	奖品
50 积分	一支笔
100 积分	一个本
200 积分	一套三角尺和圆规
300 积分	十支笔
400 积分	十个本
500 积分	一个书包

德行积星换奖品

德行积星	奖品
5 颗星	一支笔
10 颗星	一个本
15 颗星	一套三角尺和圆规
20 颗星	十支笔
25 颗星	十个本
30 颗星	一个书包

奖要有“需”，按需奖励，让物质奖励与精神奖励有机结合。个体不同，需求也不同。只有真正调动学生内心需求的奖励措施，才能促使他们为了实现心中的目标而努力。由于学校 60% 的学生为外来务工人员子女，学生父母受疫情冲击较大，家里经济比较困难。在这样的背景下，学校推出积分积星换奖品的激励措施，让学生靠

自己的努力，用学习积分和德行积星换取学习用品。学校每个月都会进行评星和军衔晋级，让学生不仅在精神上感受到光荣，还能得到物质上的奖励，物质精神双丰收；让“天天给力量，日日促成长”的教育理念得到充分体现。

第五章

光外亦有英雄影，教师热血全保障

谁说站在光里的才算英雄

——永远有一股向上的力量

尊敬的各位老师，亲爱的同学们：

不知道大家注意到没有，在我们学校教学楼的两侧有这样两句话——“天天给力量，好好学习；日日促成长，天天向上”。我希望这两句话能够成为我们十七中人身上共同的行动标签，激励我们不断成长。作为十七中人，心中要永远有一股向上的力量。

提到向上的力量，同学们可能会想到向日葵。向日葵，向日而生，它始终是在追求光明，所以我把它选为我们学校的校花。

那到底什么才是向上的力量呢？——我理解的向上的力量啊，一方面，面对困难的时候不服输，坏了的时候不让它更坏，这是向上的力量；另一方面，已经好到极致了，仍然不佛系，不躺平，好了的时候还要更好，这也是向上的力量。

提到向上的力量，同学们可能还会想到爬山虎。爬山虎，蛰伏篱墙，永远都在向上攀爬，所以我们在校园里也种了很多的爬山虎。

那到底什么是永远有一股向上的力量呢？——我的理解是，在学校里，把不会的知识给它学会；回到家，让家里变得整洁干净；将来走向社会，这个社会也因为有我变得更加美好，这就叫永远有一股向上的力量。这个“永远”指的是我在每一个时间段上都能做最好的自己，不是说我只在初中的时候好好学习，也不是说我到了工作岗位上才知道努力工作，时间段上的不连续算不得“永远”，要持之以恒，有始有终，才能说永远有一股向上的力量。

今年中考，我们有很多孩子，他的学习成绩可能不是特别好，但是他努力地练习画画，与此同时在成绩上也不懈怠，最后顺利考上了十五中学。还有的孩子，他努力地练习打球，与此同时，他也努力地学习文化课，最后因为体育特长考上了重点高中。更不用说，今年十七中一共257名九年级学生，其中有55名升入了重点高中，这是很可观的一个数字啊，这说明我们的孩子身上都拥有一股向上的力量。

从2024年开始，我们十七中的孩子享受的待遇和大连市其他学校的孩子是一样的了——我们都享受指标生的名额。而且呢，中考题的难度也会逐渐降低。所以我们没有理由读不好书，没有理由考不上一个好的学校，也没有理由懈怠，是吧？我们有理由相信，在全校师生的共同努力下，大连市第十七中学会不断创造新的奇迹！

孩子们，树木都要向上生长，鸟儿都想飞得更高，我们也一样，心中要永远有一股向上的力量！

在浩瀚的教育星空中，教师是那永远闪耀的星辰，他们不一定总是站在最耀眼的光里，但他们的存在却是无数学生心中最坚定的力量。正如那句歌词所言：“谁说站在光里的才算英雄？”正是那些教师，默默奉献在光外，却用热血和智慧为学生“心里燃起一团火，点亮梦想那盏灯”；那些教师，正是照亮学生前行道路的英雄。

大连市第十七中学深知教师的伟大之处，他们不仅传授知识，更在职业、学业、事业上为学生们领路，指向光明。在这一章中，我们将一同走近这所学校的教师群体，感受他们如何用热血和汗水，为学生们的全面发展提供坚实的保障。

教师是学生职业理想的启蒙者和引路人。他们通过自身的言行和教学实践，引导学生们认识各种职业的特点和价值，帮助他们树立正确的职业观念。正如教育家叶圣陶所言：“教师之为教，不在全盘授予，而在相机诱导。”教师们用自己的智慧和经验，为学生们指明前行的方向，让他们在职业之路上不再迷茫。

学业是每个学生都必须经历的重要阶段，而教师则是他们最坚实的后盾。他们不仅传授知识，更关注学生的学习方法和思维能力。正如心理学家让·皮亚杰的认知发展理论所指出的那样，学生的学习是一个主动建构的过程，而教师则需要通过引导和启发的方式，帮助学生们掌握学习的钥匙，让他们在学业之海上破浪前行。

事业是每个人追求自我实现的重要途径，而教师则是学生们事业追求的榜样和示范者。他们用自己的奋斗和成就，为学生们展示了事业之峰的无限风光和攀登之路的艰辛与付出。正如心理学家阿尔伯特·班杜拉的社会学习理论所强调的那样，模仿是学习的重要方式之一，而教师则需要通过自己的行为和成就，为学生们树立一个可望又可及的目标，激励他们不断攀登事业之峰。

第一节　职业之路，教师领路指向光明

我国的初中生毕业后有三种选择：上高中、上职业院校或者直接找工作。但是，初中生还处在对职业规划的摸索阶段，对于自我概念还没有一个明确的认识，所以他们在毕业后的社会选择上存在着很大的盲目性。2011 年，教育部颁布了《教育部关于推进中等和高等职业教育协调发展的指导意见》，鼓励初中开设职业指导课程，这也是第一次在官方文件中明确要求了初中的职业生涯规划教育，引起了全国范围内越来越多的专家和学者对于初中生职业生涯教育的关注。南通市启秀中学的瞿新梅老师认为，初中应立足于学生职业意识的唤醒，通过开设选修课或通识类讲座的形式，介绍职业生涯规划的理念、生涯测评工具的使用、生涯决策的方法等，也可安排生涯人物访谈和职业参观、体验等实践活动。

基于此，大连市第十七中学开展“三业”教育，要求教师做学生的职业规划师。

放眼当下，教师教育学生，能够从职业视角给学生一些指导和

建议的其实并不多。

但是，对于中考即分流的新市民学校，职业生涯规划的提前，要求教师务必给学生提供必要的职业理想指导，做学生的职业规划师，这也是根据学校的特殊性对教师提出的刚性要求。

做学生的职业规划师要引导学生认识职业。学生对职业要有广度和深度的认识，当下和未来的认识。此外，根据学生整体分层跨度大、部分学生择业急的特点，我们还精准选取职高、技校、工厂、部队、高校、科研院所等机构进行微游学，着眼于学生感兴趣的某个行业或专业，充分体验及了解其特点，促进学生职业深体验，以进一步激发学生实现职业目标或提升目标职业舒适度、幸福感的学业动力。

做学生的职业规划师要引导学生确定职业理想。做学生的职业规划师要针对孩子的性别、性格、兴趣爱好、特长发展等帮助学生做一些理性判断。每个学期，学校都会拿出一个月的时间，让各班每周围绕着“职业理想”展开不同内容的讨论。“凡事预则立，不预则废”，因此在谈职业的基础上，帮助学生按照个人自身条件确定自己的职业理想，重要的是帮助学生个人真正了解自己，明确“我是谁”“我能做什么”“我想做什么”，从而不断引导学生对职业理想做优化提升，引导学生明确“我要成为一个什么样的人”“我想要我的职业达到什么样的层次”。

做学生的职业规划师要帮助学生奔赴职业理想。对于基本选定的职业，教师要在现阶段通过学业提升，帮助学生努力奔赴选定的职业理想。以奔赴职业理想为前提，引导学生进一步探讨职业理想和学业规划的关系，根据自身的职业理想为自己定下学业目标，明确“学习需要学到何种程度才能达到职业理想”“我怎样做才能让学业目标变成学业现实”，再进一步分解、细化学业计划，并付诸实施。由此为学生今后的事业情怀打下基础，也让学生学会为自己的人生做规划。

第二节　学业之海，教师引航破浪前行

广东潮州市韩山师范学院林天卫认为，学习指导就是“教会学生学习”，教师要通过对学生的学习道德、学习观点、学习心理、学习内容、学习方法、学习环节等进行全方位的指导，使学生有效地掌握知识，发展智力，培养能力，形成良好的品德。肥城市教师进修学校校长鹿焕武认为，初中对学生进行学习方法指导更具有特殊的意义，因为他们精力特别旺盛，可塑性强，某些学习方法还没有形成定式。并且由于课程门类增多，学生在短时间内难以适应，因此具有开设学法指导的现实必要性。他还强调了学习方法能否发挥作用，学习能力能否提高，与学生的理想、信念、世界观等有密切关系，要寓思想教育于学法指导之中，使学法指导与教书育人相结合。

“三业”教育要求教师做学生的学业引导师。我们的教师既要做精神导师，又要做学习军师。

做精神导师，给动力；做学习军师，给学法。从而让学生学会学习，热爱学习，终身学习。

1. 做精神导师，给动力。学校从党员教师开始，为学优生和学困生配备精神导师，党员教师定期与结对子的学生谈心，为学优生减压赋能，为学困生鼓劲赋能。学习是一个需要持之以恒的过程，

为自己学，为家长学，都会有精神懈怠的时候，只有在内心深处厚植家国情怀，为中华民族伟大复兴而读书，才会获得刻苦学习的无穷动力。学校通过党员教师系列升旗仪式让学生赓续红色血脉、传承红色基因。例如，党员教师的系列升旗仪式以不同的主题来激发学生的爱国热情和学习动力。先后开展了“吟红诗诵红词，传承红色基因”主题升旗仪式，“中国人 中国心 中国节”主题升旗仪式，“新学期，让我们为新十七代言”主题升旗仪式以及“传承抗美援朝精神，做新时代好少年”主题升旗仪式。总之，我们不断优化德育形式，让我们的教师更能走进学生心灵深处，更能引发学生思想共鸣，更好地做学生的思想品德和心理健康的教育和引导，激发学生学习动力，形成“天天给力量，日日促成长”的德育教育特色。

2. 做学习军师，给学法。在赋能量、给力量后，针对学生的学习情况，有针对性地教给学生学习方法，做学生的学法军师，为学生在学习方面出谋划策，切实帮助学生在精神和学习两方面同步成长，特别是使学生增强内驱力，变“要我学”为“我要学”，变“我要学”为“我乐学”。

做学习军师，学科教师的开学第一课必是学法指导课。教师对初次接触这一学科的学生介绍这一学科的基本特点及基本学法，或者是某一本教材如何学。这样的学习方法通常安排在开学第一课，“第一课”不一定是一节，可以是若干节。

做学习军师，教会学生具体的学习方法。如新授课如何学，怎样记笔记；复习课怎么听，怎样来整理；习题课如何学，怎样积累等。在这个过程中学生通过教师讲授的学习方法，循序渐进地学会记忆基础知识的方法，学会探究难点的窍门，学会构建知识的导图，学会答题的一般方法等。还有某一课如何学这样的预习指导，或者是跨学科的通法指导。我们的教师讲疑惑点，讲关键点，讲拓展点，讲升华点，一个个活生生的事例，一句句直击心灵的话语，一个个动情的手势，都可能成为“震撼”，都可能成为孩子们以后人生路上美好的回忆，让孩子在精神和学习两方面同步成长。

做学习军师，帮助学生结合职业理想做好自己初中阶段的学业规划。教师要坐下来，认真地倾听学生的职业理想，要依靠自己的经验行动起来，为学生在学习和职业之间搭一座“变现”的桥。帮助学生勾画通过学习抵达职业的路线图。

做学习军师，指导学生做好初中阶段自己的学习计划。没有人可以一步登天，初中的学习成绩必须是一步一个脚印拼搏，甚至是一滴又一滴的汗水奋斗取得的。教师要帮助学生制定细致的、具有可行性的初中阶段学习计划，将计划细化到每一个阶段的学习中，把大目标细化为小目标，将小目标实现成大理想的大现实。

做学习军师，对遇到困难的目标生给予切实的帮助。对于一些学困生，我们需要降维激励，通过降低难度，让学生一点点找到学习的自信，找回对未来的信心。没有任何一个学生到学校的目的是来学坏的，到学校的任务是来气人的，到学校的状态就是躺平的。但是对于一些从小学开始就不及格，把语文课听成外语课的学生，我们要做的就是降维激励。在降维激励的过程中不断增强学生战胜困难的信心，让学生不再畏惧学习，特别是到了职高、技校仍然保有学习的热情。

让学习的可持续发展成为学生的一种常态，让学校里的每个人身上都有“一股向上的力量”，让这股力量推动学生向真、向善、向上成长，终身成长。

第三节　事业之峰，教师先登示范无畏

百年大计，教育为本；教育大计，教师为本。教师的职责不仅是传授知识，更是肩负立德树人的任务。自古以来，示范被奉为经典的教育方法，孔子说：“其身正，不令而行；其身不正，虽令不从。”可见，教师的示范作用十分重要。美国心理学家阿尔伯特·班杜拉提出观察学习理论，认为观察学习的主要表现形式是“榜样示范”，这对个人道德情操的养成具有一定的引导作用。习近平总书记在全国高校思想政治工作会议上强调，坚持言传和身教相统一，引导广大教师以德立身、以德立学和以德施教。“身教”即身体力行，用自己的行为去感化和影响学生，做学生的示范师。“三业”教育要求我们，要做学生的道德示范师和事业示范师。

做学生的道德示范师，做“四有”好老师。习近平总书记同北京师范大学师生代表座谈时，就如何做一名党和人民满意的好老师，努力培养造就一流教师提出了明确要求，提出了“四有”好老师的四条标准，即有理想信念，有道德情操，有扎实学识，有仁爱之心。大连市第十七中学在此基础上提出了基于校情的“小四有”好老师，即“心中有爱，脸上有笑，眼中有光，手中有法”。学校的教师始终以“大四有”和“小四有”的好老师标准严格要求自己，心中的爱让教育柔软，脑中的智慧让教育美妙。每一年的三八妇女节，学

校都为教师的心中装进美的追求，“美”成为三八妇女节的主题，学校教师由美的表象逐步深入到美的内涵；每一年的教师节，学校都围绕着教师的职业特点做文章，以“教会学优生的教师是人，教会学困生的教师是‘神’”为教师赋能，增强教师的职业认同感和自豪感，做美丽大先生。

做学生的道德示范师，党员时时示范。校级领导、中层干部、年级组长、班主任，每一名党员都在各自的岗位上发挥着示范引领的作用。学校采取立体扁平化管理模式，所有的干部都下沉迁移到一线，全心全意为师生服务，学校形成风气清正的正能量场。此外通过“场”党建，让每一名党员立场坚定、气场强大。

做学生的道德示范师，人人都做志愿者。学校发出“跟着郭明义学雷锋，跟着王官升做公益”倡议，通过“雷锋基金”，从近处着眼，帮助有困难的师生，并反哺社会，帮助瓦房店、普兰店等地有困难的学生。

做学生的事业示范师，教师的职业生涯有规划。

在学校的教师誓词里有这样一句话：“我的职业就是我的事业，学生的成功就是我的成功。”教师的样子就是学生未来的样子，我们要对学生未来的样子负责，我们要践行学校的号召“学为人师，行为世范”，用自己的事业追求为学生做好示范。

学校定期评选1、3、5、10教龄段的优秀教师，对其进行宣传、表扬、奖励，用教师的榜样力量感染学生。同时发挥市、区、校三级骨干教师的辐射作用，形成了学校优秀教师群、朋友圈。

做学生的事业示范师，人人争做优秀教师、争做名师，以人带人。

在学校的教学竞赛中，不同年龄段的教师争着上课，师父上示范课，徒弟上模仿课，“青蓝工程”“影子工程”，各个层面的教师都在成长。教师开始做难题，培养高分和满分学生，短短四年，就培养出了中考入学成绩全区第二名学生，单科全区最高分学生。教师做课题的热情高涨，班主任积极投身到“双减”背景下家庭教育的实践研究中，做了一些开创性的探索。综上所述，教师也走上了优质成长之路。

在学校，有一群努力拼搏的教师，他们的身上，永远有一股向上的力量。在学校，有一群受到教师感染的学生，他们的身上，同样，永远有一股向上的力量。

随着这本书的篇章逐步展开，我们共同经历了一场关于“三业”教育的深刻探索。从理念之光的初现到内涵之韵的深入，再到理论之基的稳固，每一章节都为我们揭示了教育的深邃与博大。

在这段探索之旅中，我们明晰了行动框架，构建了评价体系，并在课程的丰富多彩中感受到了教育的魅力。无论是晨会启航的思飞扬，还是班会共话的同筑梦，抑或是规划未来的心向往，每一步都充满了希望与期待。我们体验了实践的行知合一，感受了暮省的日暮途远，更在劳动的汗滴沃土中让梦想生根。教与学的智慧碰撞，分层施教的个性发展，实验课程的创新探索，都让我们在教育的海洋中畅游，领略了无尽的风景。

而教师的角色，在这段旅程中显得尤为神圣。他们不仅是知识的传递者，技能的教授者，更是学生心灵的引导者，职业之路的领路者，学业之海的引航者，事业之峰的示范者。他们用自己的热血与智慧，为学生心里燃起一团火，点亮梦想那盏灯，为学生的成长提供了坚实的保障，点亮了学生前行的灯塔。

此外，特色辅助课程的巧妙设置，更是让教育变得多姿多彩。讲堂课程的智慧火花，家教课程的温馨陪伴，激励课程的动力源泉，都让学生在学习的道路上更加坚定与自信。这些课程不仅丰富了学生的知识体系，更在无形中塑造了他们的品格与气质。

在即将结束这段探索之旅前，我们希望提供一些具体的建议，以帮助您在实际教育工作中应用并深化“三业”教育理念。以下是几点建议：

1. 设计项目式学习。

将知识与实践结合，设计具有挑战性和实际意义的项目任务。通过团队合作、解决问题和批判性思维，培养学生的综合素质和职业技能。

2. 实施定期评价与反馈。

建立定期评价机制，对学生的学业、职业和事业发展进行全面而具体的评价。提供及时的反馈和建议，帮助学生认识自己的优势和不足，并制订改进计划。

3. 提供个性化职业规划指导。

根据学生的兴趣、特长和职业倾向，提供个性化的职业规划指导。帮助学生了解自己的职业选项，制定实际可行的职业目标，并提供相关的实习和就业机会信息。

4. 建设家校互动平台。

建立一个家校互动的平台，促进家长与学校之间的紧密合作。分享学生的学习进展和职业理想发展情况，征求家长的意见和建议，共同支持学生的成长和发展。

5. 实现教师的持续发展。

鼓励教师参与持续的专业学习，实现持续的专业发展。提供培训机会和资源，帮助教师更新教育观念，提升教学技能，并探索创新的教育方法和策略。

6. 建立学习共同体。

促进学生、教师和家长之间的互助合作，共同构建学习共同体。通过分享经验、资源和解决问题的方式，共同促进学生的全面发展，促使学生走向成功。

希望这些具体的建议能够帮助您在教育实践中更好地实施“三业”教育的理念。愿这本书成为您教育工作中的宝贵参考，激发您对教育事业的热情和创造力。让我们共同努力，为培养有理想、有本领、有担当的新一代青少年贡献智慧和力量。

参考文献

陈瑞武，曲铁华，2005. 日本大学生就业管理体制和职业指导现状及启示 [J]. 中国高教研究（01）：47–50.

池建海，2018. 关于构建课堂教学活动评价体系的思考与探索：以四川工商学院学前教育专业为例 [J]. 吉林省教育学院学报（9）：129–131.

邓磊，高纪欣，李琴，2023. 家庭教育的角色逻辑、现实障碍与体系创新：兼论《中华人民共和国家庭教育促进法》的引导意义 [J]. 教师教育学报（05）：31–41.

董好叶，张丽娟，2007. 初中生成就目标的发展特点 [J]. 中国特殊教育（07）：93–96.

方长春，风笑天，2008. 家庭背景与学业成就：义务教育中的阶层差异研究 [J]. 浙江社会科学（08）：47–55.

谷峪，2006. 日本的职业生涯教育及其启示 [J]. 职业技术教育（10）：81–84.

何盛明，1990. 财经大辞典 [M]. 北京：中国财政经济出版社：12.

洪明，孟子欣，2023. 学校家庭教育指导的内涵、任务与路径 [J]. 教育科学研究（06）：13–18.

黄丹，黄正明，付桂兰等，2022.“双减”背景下小学生家长家庭教育指导需求分析与对策建议 [J]. 湖南广播电视大学学报（03）：30–39.

黄维成，2013. 事业心是成功的“伴侣”：与青年审计人谈“成功”[J]. 新课程（下）（06）.

姜大源，2011. 中国职业教育发展与改革：经验与规律 [J]. 职业技术教育，32（19）：5–10.

兰顺东，2008. 职业生涯规划理论研究文献综述 [J]. 教育与职业（03）：149–150.

郎钰，2009. 青岛市新市民子女教育问题研究：S 小学个案研究 [D]. 山东：青岛大学.

林天卫，1998. 中学生学情调查与学习指导研究 [J]. 现代教育论丛（02）：34–37.

刘文德，徐雪梅，夏金星，2018. 中职教师道德示范性提升路径探析：基于隐性德育视角 [J]. 中国职业技术教育（27）：65–69，96.

刘秀英，孟娜，岳坤，2020. 中国城市家庭教育社会支持现状研究 [J]. 少年儿童研究（12）：5–28.

刘宗珍，2022. 依法带娃：家庭教育的法律规制和实施路径 [J]. 中国青年研究（11）：52–60.

鹿焕武，1998. 初中生学法指导简论 [J]. 教育理论与实践（03）：61–62.

栾海清，2022. 近五年国内家庭教育研究：综述与评估 [J]. 现代商贸工业（22）：82–83.

罗双平，2003. 职业生涯规划理论 [J]. 中国公务员（05）：32–33.

马瑞科，2021. 民生心、事业心、大同心：马克思初心价值观的三重内蕴 [J]. 唐都学刊（01）：42–47.

潘知常，林玮，2002. 大众传媒与大众文化 [M]. 上海：上海人民出版社 .

乔金霞，2013.“新市民”家庭教育对儿童社会融合的影响 [J]. 当代青年研究（06）：41–46.

乔金霞，2013.“新市民”子女家庭教育的性质研究 [J]. 天津师范大学学报（基础教育版），14（03）：53–56.

秦树泽，2023. 教育公平视域下家庭教育的有效性审视：兼评《家庭教育促进法》[J]. 清华大学教育研究（04）：73–79.

瞿新梅，2021. 初中生职业生涯规划教育的现状、问题和对策研究 [J]. 科教导刊（13）：164–166.

邵艳杰，2005. 我国中等职业教育存在的主要问题及对策研究 [D]. 吉林：东北师范大学 .

孙金玲，2017. 巧用奖励激发学生内在动力 [J]. 中国教育学刊（08）：108.

温玉，2009. 中学阶段职业生涯指导教育的意义 [J]. 现代经济信息（17）：321.

许馨月，刘锋，2019，基于“积分制”的高职学生奖励制度探析 [J]. 教育现代化，6（64）：193–194.

姚凯，杨圭芝，2018. 东莞市流动初中生职业理想现状的调查与

反思 [J]. 青少年研究与实践（02）：46–51.

叶之红，郝克明，2003. 澳大利亚职业教育培训经验对我国职业教育改革发展的借鉴意义 [J]. 职业技术教育（36）：13–18.

张凡迪，范立国，2011. 我国青少年社会主义核心价值观研究现状与展望 [J]. 沈阳教育学院学报（01）：17–20.

张鹤，徐小琳，2022. “双减”视域下义务教育学校供给侧改革的价值与路径选择 [J]. 教学与管理（31）：1–6.

章霞青，2012. 将职业教育推向事业教育 [J]. 中国科教创新导刊（28）：158.

张小婷，2022. 我国家庭教育实施困境及对策研究 [J]. 黑龙江教师发展学院学报（10）：68–71.

朱萍，2022. 成为最好的自己：塑导教育的理念与实践 [M]. 大连：辽宁师范大学出版社：3.

朱永卫，2013. 论青年的理想道德和事业心教育 [J]. 山西财经大学学报（S1）：157.